特别感谢

华南理工大学校友会荣誉会长蔡建中校友

为本书赞助全部出版费用

特此表示衷心感谢

罗明燏
院长往事回忆录

冯霆钧 著

华南理工大学出版社
·广州·

图书在版编目（CIP）数据

罗明燏院长往事回忆录/冯霆钧著．—广州：华南理工大学出版社，2024.6

ISBN 978-7-5623-7708-5

Ⅰ．①罗… Ⅱ．①冯… Ⅲ．①罗明燏–回忆录 Ⅳ．① K825.46

中国国家版本馆 CIP 数据核字（2024）第 084940 号

Luo Mingyu Yuanzhang Wangshi Huiyilu

罗明燏院长往事回忆录

冯霆钧　著

出 版 人：柯　宁
出版发行：华南理工大学出版社
　　　　　（广州五山华南理工大学 17 号楼，邮编 510640）
　　　　　http://hg.cb.scut.edu.cn　E-mail: scutc13@scut.edu.cn
　　　　　营销部电话：020-87113487　87111048（传真）
策划编辑：袁　泽
责任编辑：袁　泽
责任校对：王洪霞
印 刷 者：广州市人杰彩印厂
开　　本：787mm×1092mm　1/16　印张：12　字数：188 千
版　　次：2024 年 6 月第 1 版　印次：2024 年 6 月第 1 次印刷
定　　价：78.00 元

版权所有　盗版必究　　印装差错　负责调换

罗明燏夫妇与儿子罗征援

1980年华南工学院校庆,罗明燏院长(右)与蔡建中先生(左)合影

2021年10月,蔡建中先生(左)与罗征援教授(后)于多伦多合影

罗明燏父子（左三、左四）与蔡建中先生（左二）合影（摄于1982年）

永远怀念
尊敬的罗明燏院长

爱国寿家海陆空
两袖清风全为国

学生蔡建中敬题

序 一

本书是作者冯霆钧之力作。冯君是我20世纪60年代华南工学院的同学与挚友，同时也是家父罗明燏的忘年之交。家父曾被周总理委任为首任华南工学院院长，是无党派人士，工程专家、教育家。

纵观家父一生，因饱受旧社会中国贫弱之苦，故立志以工程技术救国。举凡任何工程，只要是有利于国家繁荣富强，家父都乐于参与设计，承担设计责任，而且都是义务奉献，分文不取。冯君因敬佩家父的爱国品格而为此著书。以他自己的话来说，"我觉得有责任为罗先生写传记，记述他的生平事迹和巨大贡献"。但实际上本书并非一部传记或编年史，作者在家父一生的大小往事中，只选取了一部分，对其中每一件往事均以事实为根据作扩展，甚至是详尽描述。这些描述包括有工程设计进程，民风习俗、风土人情，以及异国风光、文化背景，等等。这些记述反映了20世纪以家父为典型的老一辈爱国知识分子的情怀、历练和成长，以及为祖国建设付出的努力。希望本书能起到一些鼓舞新一代的莘莘学子、知识分子努力学习、勤奋工作、振兴中华的作用。

罗徵援

2023年10月

序 二

1997年，由于冯先生母亲、兄弟和妹妹在美国，于是他放弃了大学研究员岗位，携女儿先行与母亲、兄弟妹妹相聚。2005年先生与我和儿子在波士顿团聚。先生临近退休时，到异国他乡从头开始，在陌生的环境里，挑战全新的语言以及生活习惯。虽然历经千辛万苦，但依然坚持下来，最终给到家人们安稳的生活。

他为人诚恳、勤俭朴素、聪明而博学；他自幼热爱阅读，并且阅读习惯伴其一生；他在历史、文学、科学等方面有很深的造诣。在家庭里，他是一个好丈夫、好父亲；在社会里，他是一个好员工、好邻居、好老师。

因为"文化大革命"期间冯先生和罗明燏院长深厚的师生之谊而结成忘年之交，罗院长在世时，冯先生就有为罗院长写传记记叙其生平事迹和对国家贡献的夙愿，亦得罗院长首肯。但这一夙愿在罗院长在世时未能得以实现。

光阴似箭，冯先生觉得，如烟往事若不及时发掘整理并记载下来，将来会查考无据。因心存内疚，自感愧对罗院长，故退休后冯先生开始着手整理并完成了全部书稿，但尚未出版，冯先生却不幸于2023年3月在波士顿因病去世。

在此特别感谢华南理工大学校友会及华南理工大学粤港澳大湾区校友会大联盟永远主席蔡建中先生、中山大学美国南加州校友会荣誉会长方振生先生、华南理工大学吴绍吟副教授、暨南大学汤顺清教授，是他们一直以来的帮助，才使本书得以出版。

在本书将要出版之际，因作者不幸患病去世，余下工作幸得罗明燏先生之子罗征援博士全力协助,以及作者家人(冯景明先生、黄泽旭先生)的帮助,方能完成本书并出版;华南理工大学出版社编审人员对本书进行了字斟句酌的核对与修改,为本书的出版付出了艰辛的努力。在此,对他们的辛勤付出表示感谢!

希望以本书缅怀罗明燏院长以及冯霆钧先生。

笔者夫人:廖纪云

2024年1月

前　言

2016年春我回故乡广州，顺道去母校华南理工大学一游。时值清明节，烟雨蒙蒙，校内树木茂密葱茏，新建了不少高大的建筑物，为校园增色不少。

我绕着东湖漫步，走到红楼前的草坪，忽然发现有一尊连底座高约2米的头部塑像。走近一看，啊，这是已故华南工学院罗明燏院长的塑像，底座上有简短铭文。可敬的罗院长已故近三十年，偶然的发现使我惊喜。这塑像栩栩如生，一如往日罗院长慈祥微笑，亲切面对校友和来访者。我肃立像前，向先生塑像鞠躬致敬。

罗明燏先生诞于1905年，逝于1987年，生前任华南工学院（现华南理工大学）首任院长，是我国著名的教育家、科技工程专家，第一、二、三届全国人大代表。他对中国和广东建设贡献良多，经他设计和主持设计的大小工程有200多项，不少是国防工程，这些功绩鲜为人知。

罗明燏先生在教育、科技工程上对国家的贡献巨大，是广东杰出的奇才。他不谋私利和权力，不图享受，一生清廉，有古先贤之风骨，近乎屈原之性格。他对校友、师生极其友善，平易近人，毫无架子，令笔者印象至深。我对罗先生非常崇敬。

当年在校的同学以及不计其数的华工校友提起罗明燏院长的奇才和贡献时无不交口称赞，而坊间传闻更是充满传奇色彩。罗明燏院长历经20世纪初中国社会大变革时期，人生际遇跌宕起伏。他服务社会，廉洁奉公，为人诚信耿直；"文化大革命"时期他无辜受屈受害，被迫害长达13年之久。

笔者是华南工学院1966届毕业生，求学五年，因"文化大革命"滞校两年。罗院长的儿子罗征援也是华南工学院同期的毕业生，"文化大革命"期间我先认识他，后认识他父亲罗明燏院长，非常时期的师生之谊遂成忘年之交。毕业后离穗工作的19年，每次返穗我都会去探望罗院长。

1987年11月，又得机会返穗，得知罗明燏先生仙逝，不胜悲伤、叹息。我带着不安的心情乘夜前往位于广州小北路的罗先生故居，欲绕宅凭吊，发现宅舍仍有灯光，遂敲门，罗征援开门迎我入屋，我致以问候及缅怀。因缘巧遇，当时在场还有好友——数力系校友谢载江。久别重逢，难得一聚，三人天南地北侃谈至深夜。

好友聚散，各奔东西，时光流逝，一晃几十年。谢载江先生移居美国加利福尼亚州洛杉矶，我亦于20世纪末移民到美国马萨诸塞州波士顿。

我大半生忙于生计，数易居地，劳碌奔波，如今年逾古稀，总算安定。

罗院长尚在世时我就有为他写传记的夙愿，亦得他首肯。那时我年方三十，自觉资格太浅，迟迟未及动笔；而后为生计忙碌亦未能如愿。光阴似箭，今时我已年逾古稀，如烟往事若不及时发掘、整理，并记载下来，恐后人会淡忘或查考无据，于我则心存内疚，自感愧对罗院长。

机缘巧合，我和罗征援失联多年之后又联系上，在征得他同意，并得到他的支持和帮助下，终于提笔，以讲故事的方式如实讲述罗明燏先生的生平事迹、卓越才能和巨大功绩。由于资料缺乏，现无法写成传记，仅凭当年交谈之记忆以故事的形式叙事写成"回忆某某二三事"这档次的故事，寄托笔者和众多华工校友对已故院长罗明燏先生的崇敬和缅怀之情。希望本书能让读者从中了解一些20世纪的历史、老一辈爱国知识分子的成长和为国家建设做出的努力，以期鼓舞广大知识分子努力学习、勤奋工作，为振兴中华做贡献。

本书所述力求忠于史实，绝不虚构、虚饰，亦无意评论过往历史和某些当事人，若有错误或不足之处，恳请读者批评指正。

冯霆钧
2023年1月

目 录

新中国成立前的人生岁月　　001

故乡、家世和童年　　002

求学交通部唐山大学　　007

测量韶关城，助力北伐　　011

留学美国麻省理工学院　　016

东莞糖厂的设计与建设　　031

广三铁路三水段改造工程　　034

赴意大利购买飞机　　041

任教西北联合大学　　053

出国考察北美航空　　061

家庭团聚，白头偕老　　071

与陈济棠之交　　078

宅心仁厚　　088

新中国成立后参与的重大工程   097

  修复海珠桥   098

  修复南方大厦   105

  汕头军用机场的设计和建设   110

  顺德人民礼堂建设   114

  珠江大桥的建设   117

  其他工程项目概述   120

蒙冤昭雪与晚年生活   127

  三年"五七干校"生活   128

  土法造钢筋水泥驳船   134

  彻底平反昭雪   141

  父子情深   149

  夕阳晚照,重访麻省理工学院   152

附 录   158

  我和罗先生有趣的闲谈   158

  回忆我的父亲罗明燏   161

  新中国成立后父亲罗明燏所参与的部分工程建设

    项目概览   170

新中国成立前的人生岁月

故乡、家世和童年

罗明燏先生的先祖是北方人,历史上每当中原战乱,为躲战祸,北方人多因此南迁。清代同治年间,为了生存,其曾祖母携祖父罗子聪(字冠英)一路逃荒,从江西赣南越过五岭,经粤北著名的梅关古道——南雄珠玑巷,南下广东,辗转到番禺,然后定居沥滘,即现在的广州市海珠区(俗称河南、珠江河南岸地区)沥滘。据说这临江的小街镇开埠比广州还早,有趣的民间传说"未有羊城先有沥滘,未有西瓜先有阿哨"(广州方言"阿哨"是指呲牙者)印证了这一点。

珠江三角洲地区江河成网,有两千年历史的广州又名羊城,简称穗。广州河南被穿城而过的河段和城南河段包围。上游汇于沙面白鹅潭,下游汇于黄埔岛(黄埔军校旧址)。整个地区是冲积平原,土地肥沃,河涌成网,水运便利,是物产丰富、经济发达、人杰地灵的富庶之乡。勤劳的农民在围堤上种植荔枝、番石榴等果木,围田种植甘蔗、水稻、番木瓜、蔬菜。农产品可运至省城、港澳及沿江市镇,甘蔗运往制糖厂。每年夏天蝉鸣荔熟之时,河冲围堤上鲜红的荔枝挂满枝头,一簇簇火红的荔枝掩映在树丛墨绿的荔枝叶中,美不胜收。当地民众除了务农还有人赴省城及港澳经商、务工;文化人则治学或出仕。沥滘最大的聚居家族姓卫,其次姓罗。

沥滘地方虽不大,故事却不少。出名的如"沥滘十老虎",抗日战争时期,有同父异母的卫姓十兄弟投靠日寇,抱团成为黑帮,横行乡里、残害百姓。后来,共产党领导的广州市区游击第二支队派当地人卫国尧发动群众,设计利用清明"拜山"之机打"虎",一举歼灭除老大、老二漏网外的其余"八虎",铲除祸害。卫国尧1944年7月26日在抗日战斗中掩护队友突围时不幸中弹牺牲,他的英勇事迹被广为传颂。

1840年林则徐奉命禁烟,在虎门销烟。同年英国发起鸦片战争,清政府战败,此后签订丧权辱国的《南京条约》,割地赔款,被逼割让香港岛,开放通商口岸。从此大量的鸦片、洋货输入,使以自给自足的小农经济为基础的封建王朝加速衰落。毒品鸦片泛滥,坑害人民的健康;白银不断外流,朝廷腐败无能,民生艰难,这引发了洪秀全领导的太平天国运动。晚清"四大名臣"曾国藩、李鸿章、左宗棠、张之洞开办洋务、提倡实业,力保版图、力扶将倾之封建王朝。在新思潮影响下,康有为、梁启超佐光绪皇帝行改良新政,史称"戊戌变法",新政仅百日,遭顽固守旧的慈禧太后镇压而失败。《南京条约》的签订,中日甲午战争的败绩和八国联军的入侵使中国逐步沦为半殖民地半封建社会。

为使中国免于被列强瓜分,孙中山先生组织革命团体,领导多次武装起义,欲推翻晚清政府,建立中华民国。比较有名的有1911年4月27日的"黄花岗起义",此次起义因准备不足、双方力量悬殊而失败,七十二烈士遗体被安葬在广州东北郊黄花岗;1911年10月10日的"武昌起义"一举成功,南方多省宣告独立,脱离清政府。风雨飘摇的清廷命袁世凯统兵镇压,形成南北对峙局面。在双方较量和压力下,为保"优待退位皇室"和免于刀兵战火,深感气数已尽的隆裕皇太后不得不下诏清帝爱新觉罗·溥仪退位,结束了清王朝的统治。

1912年元旦,孙中山在南京就任中华民国临时大总统,建立中华民国,结束了中国长达二千多年的封建帝制。随后革命党人迫于南北军力悬殊而让步,袁世凯任民国总统。后来袁世凯窃国称帝,失败病殁。北洋军阀执政,形成军阀割据局面。在清末民初动荡的社会背景下,广东开风气之先。西学东渐之时,率先接受西方传来的一些强国富民的新思想、新理念,在国学、西学、旧学、新学交汇碰撞下,不少有远见卓识的文化人、仁人志士苦苦追寻兴国救民之道,普遍认为要以教育为先、科技兴邦、实业救国。

罗先生的祖父罗子聪,幼年十分贫困,后得遇机缘,成为清末盐商,家产

粤北珠玑巷罗氏宗祠

颇丰。后与当地罗姓认了同宗，修建祠堂，做善事以回馈社会。

其时，海南岛发生大饥荒，罗子聪即捐助白银八万两以赈灾。其后罗家人丁日渐兴旺，子孙多有成才，成为南粤之望族。罗子聪亦订下子孙辈分排名："承文明徽国瑞"。

罗先生祖父罗子聪膝下共有11位子女，其中最出众者当属第十子罗文干。

罗文干毕业于英国牛津大学法律系，获博士学位。回国后曾任北京大学教授，后经王宠惠（蒋介石的法律顾问）举荐任民国外交部长，后因蒋介石命令他与日本人梅津签订《天津塘沽协定》，罗文干认为这是万恶的

正上方为其祖父罗子聪，左下为其父亲罗文庄

罗文干

罗文干病逝报道

卖国行为，于是不顾蒋介石的再三挽留，愤然辞职拂袖而去。

排行第五的罗文庄是罗明燏之父，膝下共有14位子女。曾任南京政府司法部次长、北京司法部司长，后调回广东任省高等法院院长，于1935年病故。罗文庄在京期间，广东同乡甚为稀少，与"康南海"康有为之女——康同璧一家结为通家之好。因康同璧的夫君也姓罗，罗明燏称呼康同璧为"罗伯母"。康同璧是一位才女，年轻时陪同其父游历欧洲，交游甚广。中华人民共和国成立后，清朝的遗老遗少，包括溥仪常到康家相聚，在外大家以同志相称，关起门来就王爷、格格、贝勒的乱叫。"文

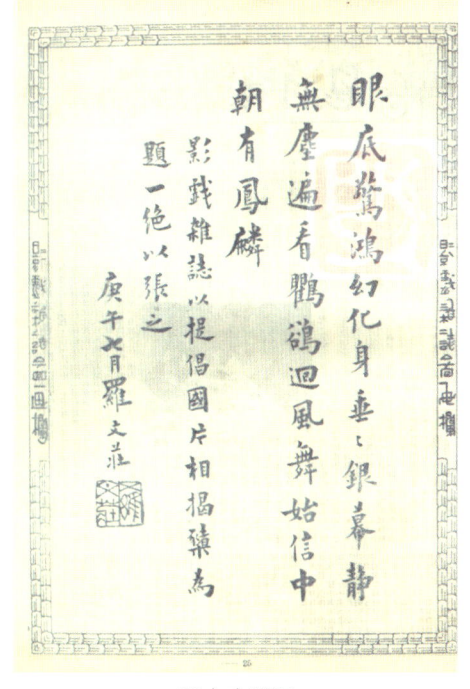

罗文庄题词

化大革命"前，罗明燏每年到北京参加全国人大会议，必定拜访康同璧女士。

1905年罗明燏出生了，他在14个兄弟姐妹中排行第四，这给罗家带来莫大的喜悦。罗文庄对儿子的德、智教育很重视，尊师重道。罗明燏的母亲潘氏知书达理，也很重视对儿子的教育。罗明燏五岁时，父亲就聘请了很有学问的先生当儿子的私塾老师，开始了启蒙教育。私塾老师不但教罗明燏识字、写字，而且给他讲古代圣贤——尧、舜、禹、孔子、屈原、岳飞、文天祥等人的故事，他们的故事对他影响很深，先贤的高尚品德成为他一生的行为准则。

罗家亲戚合影，中间为罗明燏母亲潘氏，罗明燏立于后排右一

求学交通部唐山大学

在清末民初，私塾的启蒙教育教材内容仍是沿袭旧学，如《三字经》《千字文》《朱子治家格言》等，学童稍长大再学习四书五经等经史、古文之类。学童跟着老师一字一句朗诵："人之初，性本善。性相近，习相远"，"天地玄黄，宇宙洪荒"，"春生夏长，秋收冬藏"，"黎明即起，洒扫庭除……一粥一饭，当思来处不易；半丝半缕，恒念物力维艰"。子曰："学而时习之，不亦说乎……"，小罗明燏聪明好学，善于思考。本来只要求识字、读、背即可，但罗明燏读书过目不忘，轻松背诵，常发问老师学习文章之义。老师被他的好学精神打动，尽己之理解来解释。几年下来，罗明燏打下了扎实的国学基础，历久不忘。

时代进步的潮流风起云涌，废科举、兴学堂。广州开风气之先，兴办了不少新式学堂，教学内容引进西学，有英文、科学、数学、国文。科学的内容包括天文、地理、生物、医学卫生、物理、化学等知识。国文的教学内容倡导改革、创新，提倡白话文。也有教育不忘国耻、警世、提醒忧患、倡导改革的内容。"苟日新，日日新，又日新……"，"日本国来打仗，失台湾兼赔款四万万……"，罗先生年逾古稀时仍能背诵蒙童时学过的课文。

随着年龄的增长与知识的丰富，罗明燏追求进步、寻求新学的欲望越来越强烈，广州的私塾已不能满足他的要求，于是罗父把儿子送进了新式学堂学习。1916年小罗明燏前往北京，就读于北京市崇德中学附属小学（现北京市第三十一中学）。在无边的知识海洋里，小罗明燏感到很新鲜、很兴奋，他开始思考社会需要什么？我的兴趣是什么？我的能力能学好什么？爷爷、父亲皆精通国学出仕从政，现在时代不同了，科学技术才是强国富民、社会进步之急需。小罗明燏的数学成绩优异，亦很有天分，于是他决定专注于科学、工程技术。他把这个想法和父亲商量，父亲非常赞同。"好！学好了，将来服务社会，科技兴邦，实业救国嘛。"罗父说。几年的学习，小罗明燏年年成绩优秀，在班上和学校都名列前茅，拿现在的话讲，就是学霸。他立志学好本领，要在科学技术、工程建设上服务社会，做出贡献。

"科技兴邦"的火种在小罗明燏心中种下，他刻苦学习，1919年以优异的成绩考入北京公立第二中学（即现今北京二中）。这是一所始建于清雍正二年（1724年）、至今已有三百年历史的中学。在学校里，罗明燏把精力和时间都用来读书，初中二年级时，他不仅学完了初三的课程，还把高中的课程也全部学完了。此时，罗明燏觉得按部就班地读完初中再读高中然后考大学，只会浪费时间，没有多大的实际意义，但自己的基础究竟扎不扎实？学的东西有没有用？成绩到底如何？他心里也没有底。于是，1921年在刚读完初中二年级时，罗明燏就去报考了交通大学唐山学校（即后人所熟知的唐山工学院前身，1922年更名为交通部唐山大学，现为西南交通大学）预科班。

所谓的大学预科生，是指从初中和高中学生中破格录取到高校预科的学生，他们在高校进行一年高中阶段课程的补习，与大一课程进行衔接。通过一年预科班的学习，经考试合格者，第二年正式转入本（专）科学习，不合格者作退学处理。转入正式本、专科的考生从转正之日起计算入学时间。

考试成绩出来后，连罗明燏自己都不敢相信，他的总分名列第一位，被交通大学唐山学校预科班录取了。当时唐山学校预科班的录取比例仅为1/200。

一年后，即1922年，罗明燏顺利通过预科班考试，成为交通部唐山大学的正式学生，学习土木工程。

新的学习生活开始了，全新的课程和科目，其深度和广度比起中学有跳跃式提升。比如数学的内容就很广，有微积分、线性代数、概率统计学、解析几何、测量学、立体几何、曲面几何等；还有普通物理、普通化学、机械原理和零件；力学有理论力学、材料力学、结构力学。学好土木工程专业真不是易事，多亏了他在数学、科学各学科的扎实基础，学习起来才应对自如。他常自勉，我要倍加勤奋，学好本领，将来当一个合格和有水平的土木工程建设者。他深知中国近百年的经济落后、科技落伍，比西方强国落后了一大截，中国人一定要学习本领，立志追赶上去。

他勤奋苦读，起早贪黑，每日除了课堂和实验室就是蹲图书馆，每门功课均获优秀。这位优秀的学生引起茅以升教授的关注。茅以升先生堪称中国现代桥梁的鼻祖，钱塘江大桥就是他设计和参与建设的，罗明燏成了茅以升先生的高足。

繁重的课业于罗明燏来说不难对付，对付生活却不是易事。南方人以大米为主食，全年都有新鲜蔬菜佐膳，而北方人以面食为主，寒冷的冬天，副食只有萝卜、咸菜、白菜三类，南方人不易适应。课业繁重、冬季寒冷、伙食欠佳使罗明燏的体质下降。"我得积极面对，克服困难"，罗明燏想。于是他晨起做操，去操场慢跑，果然食欲大开，体质慢慢增强了。

暑期罗明燏回到故乡广州父母的身边，慈母看着他消瘦的脸颊，心疼地说："读书辛苦，要坚持，要克服困难……"罗父看到儿子的成绩表，满意、赞赏，并予鼓励。他教罗明燏背诵孟夫子的名句"天将降大任于是人也，必先苦其心志，劳其筋骨，饿其体肤，空乏其身……然后知生于忧患而死于安乐也"。背毕父子相视而笑，轻松愉快。

凡学工程的学生，除了课堂学理论、做实验、做习题、搞设计，还有很重要而且必须要有的学习手段，就是实习和见习。求学期间由老师带队参观了开滦煤矿、京沈铁路某段施工现场，参观了天津市横跨海河的几条铁桥及租界的洋房建筑群等。这使罗明燏的眼界大开，这些工程是如何构想、布局和设计的？建设是如何施工的，成本与效益之比又如何？通过见习和实习，他对此有了大概的了解，为他日后的设计与建设施工打下坚实基础。

唐山大学还推荐学生去参观北京故宫古建筑群、京张铁路。在求学的四年中，有一年罗明燏利用暑假游学，专门去北京参观古建筑。北京故宫是首选，一条中轴线贯穿南北重重的宫殿。天安门、午门、太和殿、保和殿、神武门……建筑群庄严、雄伟、壮丽，气势恢宏。紫禁城四角的角楼飞阁重檐，美轮美奂。古城的城墙高大厚实，城楼雄伟壮观，太和门、广安门、德胜门、阜成门、广渠门等，罗明燏一一浏览。这些古建筑群让罗明燏感到震撼，使他对建筑物的造型、结构、力学、美学及历史、哲学层面的认知有了极大的提高，亦丰富了他的知识。

他还偕同学特地去考察京张铁路那穿越重重叠嶂的南口至青龙桥路段，筑路之艰难、设计之巧妙使他惊叹不已，那是中国铁路工程之父詹天佑先生设计和参与建设施工的杰作。这之前曾被西方业界人士揶揄说，"设计建设这条铁路的中国工程师还未出生呢！"他叹服詹天佑的智慧和大胆创新的专业水平。中国人就是要有志气，还要有本领，他时刻自勉。

在求学的几年中，他邀好友、同学同游长城八达岭居庸关，这是燕山绵延起伏群山中的险要隘口，是从塞外进入北京的重要通道。学习历史就知道我国从战国、秦汉以来，直到明代一直修筑长城，以此防范、抵抗北方游牧民族如匈奴、突厥、契丹、蒙古等的入侵，长城关系到社稷安危、民族存亡。这工程之宏大、修筑之艰巨，古人的智慧使同学们赞叹不已。游览长城激发了罗明燏先生的爱国热情，坚定了学好本领要毕其一生为保卫祖国、建设祖国效力的信念。

苦读四年，完成学业。罗明燏成绩优异，如期毕业。戴上四方帽，穿上黑礼袍参加毕业典礼。他还得到老前辈茅以升先生的真传，可谓收获颇丰。

毕业离校南下时，他绕道山东半岛到青岛乘船，可以考察山东半岛和有德国人参与经营和建设的青岛市。青岛真是个风景如画的滨海城市。他从青岛上船，经过一天半的航程，顺利到达上海。这时他离家乡日久，归心似箭，亦无心在上海这十里洋场"白相"，立即转乘海轮南下，经香港再乘火车回到故乡广州城。

测量韶关城，助力北伐

1926年夏，罗明燏从唐山大学毕业后回粤工作。刚从象牙塔走出来的罗明燏为锻炼自己，再次走进了象牙塔——应邀到中山大学教书。他认真教学，传授知识给求学的青年。这一年经朋友介绍为广州市工务局兼职服务，他小试牛刀，才能外显，解决了几宗有一定难度的工程技术问题。他技术水平之高、敬业精神之强名不虚传，这个唐山大学的优秀毕业生令工务局领导觉得是个不可多得的专业人才。广州工务局的麦蕴瑜局长求贤若渴，建议他来工务局做专职的建设工程工作，顺应时势所需。于是，罗明燏停教书一职，到工务局任全职，从测量员这一技士做起，以解当时测量和建设韶关的燃眉之急。

当时广东省革命政府遵照孙中山先生的遗训"联俄、联共、扶助农工"，革命形势高涨。平定盘踞在东江、惠州、粤东潮汕地区的陈炯明部残余势力和南路邓本殷军阀后，两广实现统一；后革命政府积极建设和积蓄力量，准备兴师北伐统一全国。而中国的南方，五岭是分隔湘粤、赣粤的天然屏障，韶关位于粤北南岭南侧。发源于五岭的浈水、武水在韶关汇合为北江，它南流至三水与西江汇合为珠江，再南流经广州南下在东莞汇合东江在伶仃洋流入中国南海。韶关是粤汉铁路出入广东的咽喉之地，为粤北重镇，兵家必争之地。孙中山率兵北伐时曾驻兵韶关，设大本营，这是北伐进兵的必经之路。

当广州工务局麦蕴瑜局长征求罗明燏意见，欲把测量韶关的重任委托他执行时，他欣然允诺，当即收集、准备工作所需文件、资料和所需的仪器、工具、器材。广州工务局委任罗明燏为测量队长，加一名干事任副队长、两名助手，再在韶关雇请两名体壮青年作杂役、脚夫，组成测量队。

测量队一行人携带工作所需的工具器材从广州东站上车。火车离站往北开行，沿粤汉铁路广东段，经花县、清远、英德、曲江，约四个小时到达韶关。大伙迅速把工具器材搬下站台，并顺利接洽上韶关政府派来守候在站台接车的胡干事。众人握手寒暄之后出站，工具器材分装进两辆脚踏三轮车，大家跟胡干事徒步去政府招待所。"韶关城区不大，只有纵横几条街，只消十分钟就走到"，胡干事说。他们边聊边走，不知不觉已走到。这时守候在招待所院子前的陆科长迎上前，"欢迎省城的专家来帮忙测量本城……"。"不客气"，罗队长回他，接着一一握手。李干事接着介绍，"这位是省工务局委派的测量队队长罗明燏先生，一流的专家，全面负责测量。我是副队长兼司行政和庶务。""久仰，欢迎罗队长来韶关测量，你们在工作上、生活上有什么要我们协助的，请直说，不必客气，我们会尽己所能。韶关小地方，不比大省城方便，如有不周，请多包涵。"陆科长说。"不客气！"罗队长说："最好帮招募两位有初中以上文化，做事认真、老实肯干、手脚麻利、头脑灵活的年轻人做帮手，组成一个测量团队，工作起来就顺利些，进度也快一些。""好办"，陆科长说，并引测量队众人入住已安排好的房间，放置好行李和测量作业所需的工具器材。

陆科长对罗队长说："韶关虽然是个小城，却历史悠久，唐初出了个贤相张九龄，……城内主街有座古牌楼，远郊有座古刹南华寺，仁化县有丹霞山风景区。你们初来乍到是否先休息两日，游览一下，品尝本地特色菜肴、山珍野味，如爆炒黄猄肉、炖穿山甲、红烧北江鲤鱼……是否今晚就在韶关大酒楼小酌，为你们洗尘。"

"啊，多谢，我们是来工作的，不是来游玩的。除了工作之需，一切可免。"罗队长回应。

陆科长问："什么时候开始工作？"

"明天就干！你为我准备好一份韶关地图（详图），旧城的市政工程图及建设规划图，别忘了招募两名合适的青工。"

"你所要求的，我遵办。"陆科长说。

由于罗队长推却，没有去大酒楼办接风宴，陆科长差了手下去酒楼订了四菜一汤，肉冰烧酒、五茄啤酒各一瓶。陆科长邀了韶关市李副市长和工务处黄处长来招待所同聚。李副市长满斟一杯酒敬罗队长，但罗队长不沾烟酒，以茶代酒，谢东道主之盛情。

黄处长请求罗队长说："能否借测量之机为本市培训两名测量员？"

"没问题，要选派有初中以上文化、勤奋好学者。"

"好办。"

"我还要借用招待所的小会议室，请内置一块黑板，我每日出发测量之前给两名助手和你派来的学员讲半小时至一小时的理论课，讲授测量原理和方法，然后去实地测量。学员要守时、守纪、听指挥，如遇雨天，不便野外工作，全日授课。每日早上八点上课。学员要考勤，有事缺课要请假。对学员阶段要测验，期末要考试，结束要考评。学员能做到吗？"

"能做到。"黄处长答。

"只有严师才能出高徒呢。"李副市长说。

"测量工作的事就听从你安排。"黄处长补充道。

在招待所小聚后，主客均感满意而散。

次日早上八点，在招待所小会议室师生齐聚，黄处长带来两名新学员，介绍给罗队长后正式开课。罗队长一丝不苟，站在讲坛前点名，"王小刚"，小王起立，"到！"罗队长挥手示意坐下。"麦成林"，"到！"小麦起立答。……不过多了几位旁听者，处长和科长等人也来了，学员席上座无虚席。罗队长表示欢迎，"有教无类嘛"。罗队长开讲，"地图的坐标如何表示？什么是'经线、纬线'？""哪位懂的请举手发言。"大家摇头，面面相觑。

罗队长把地球仪摆上讲坛，"以前大多数人认为大地是一个平面，自从葡萄牙人麦哲伦完成环球航行后才确信，地球是一个大球体。人们就生活在这个球面上……从英国格林威治天文台出发，南北延伸至南北极为本初子午线，南北竖向是经线。横向绕地球一圈，与经线相交90°的叫纬线。中央周长最长那一圈就是赤道。对某个地方，只要知道它的经纬度数，就知道该地在地球或地图上的位置。……"接着他拿起各种仪器、器具让大家认识，并略讲用途、使用方法和注意事项。对一些贵重仪器，如测量望远镜是从瑞士进口的，徕卡照相机是从德国进口的名牌货，使用时一定要爱护，要熟悉操作规则……下课时罗老师问学员们听懂了没有，讲得如何？大家都说太好了，讲解深入浅出，对专业者加深了认识，而对非专业者则科普了知识。

下课后测量队就整装出发，先从城内开始。因工作地点近，为了节省经费，不租汽车，找来两辆脚踏三轮车装载仪器、工具器材。测量队从国家已经制定有经纬度、海拔高度的标准点引测。罗队长在唐山大学读土木工程的基础课就是"测量学"，测量和绘图不在话下。几年苦读和实习，对于此类工作已十分熟练，虽初出茅庐但已胸有成竹。他命助手手持标杆垂直于地表，在架起的三脚架上安装测量望远镜做视测，一一记录；不时拉长皮卷尺测距、记录，街道方向用罗盘显示与经纬线之交角并记录；一一核对旧城区图。如是每日劳作八小时。罗队长对手下和学员耐心指导、严格要求，以身作则、一丝不苟。他专注培养年轻人，在他的教学和指导下，助手和学员很快就能够独立操作了。每当罗队长去市里或省里开会或办事，日常的测量工作照常进行。李干事是副队长，专职协调测量工作与地方的关系和所有庶务工作，平日他也来帮忙测量。大家戴着藤编的工程安全帽，顶着烈日逐街测量。每人各带一个铝制行军壶，装带开水或凉茶以解渴。

现代测量工作与测量技术很先进，有卫星遥测，飞机航拍、航测，今时更有智能无人飞机测量拍照、计算机处理、数字化，大数据库的运用，但仍离不开徒手人工测量。如不久前喜马拉雅山珠峰的测高除了利用最先进的科技手段，也要靠人工作业。民国时期主要靠人工测量，工作既繁复又琐碎，尤其是海拔的标高，记录后要作等高线图，经常在晚上加班进行。测量队在罗队长的带领下团结苦干，偶尔会在测量地点附近的小食店去吃碗广式云吞面或牛腩粉、绿豆沙糖水，罗队长都乐于为年轻学员自掏腰包付账。

一天，李副市长去招待所看望测量队，看见大家都晒黑了，人也瘦了，便对罗队长说："健康最要紧，大家要劳逸结合，注意休息。"李副市长顺便了解了一下测量工作的进展，罗队长如实汇报。进度之快使李副市长感到诧异，他非常高兴，当即指示庶务科陆科长，食堂的伙食要办得更好些，加强营养，晚上给他们做个莲子鸡蛋汤或绿豆沙糖水宵夜，免收费。罗队长当即表达谢意，并执意宵夜要付账，不能白吃。双方"妥协"，最后商定只收食材成本。

测量工作从不间断，日复一日。他们不但重测并校正了旧的城区图，而且准确测量了城郊重要的交通枢纽路口及扩城的规划图；还测量了北江港口码头，为当地的建设做好了基础而必备的测量工作，为日后广东民国政府带兵北伐，韶关驻军的军营建设做出非凡的贡献。

到岁暮之时，测量队出色地提前完成韶关的测量任务。在欢送测量队离韶返穗时，韶关市政府设宴，在韶关大酒楼包了两席宴请全体测量工作者。韶关市市长出席宴会，致辞感谢省府派遣测量队来韶关工作，感谢罗队长及全体测量工作的参与者，赞扬他们努力工作，提前出色完成任务；罗队长答辞感谢韶关市政府及有关人员，以及乡亲父老对此工作的大力支持和协助，使任务得以顺利完成。市长满斟一杯茅台酒敬罗队长。罗队长是直率人，说本人不善饮酒，恕不敬，荐请李副市长代饮，自己以茶代酒。"真是个读书人，大秀才！"市长感叹说。就这样全体举杯畅饮"干杯"。菜肴自有地方特色，不乏爆炒黄猄肉、清远白切鸡、北江河鲜、时令豆苗等。席间，市长介绍韶关近年的建设，在民生方面取得的进步，重视教育和培养人才所做的努力。罗队长点头赞许。市长请罗队长回省城后代向省政府领导问候，帮美言几句，罗队长欣然答允，"韶关取得的进步我一定如实汇报"。

次日，陆科长购好火车票送去招待所，同时雇两位挑夫运送工具、器材，并亲自送测量队一行人进站。欢送的人还有小王、小麦两位培训合格能持证上岗的学员。他们特别感谢罗老师，双手紧握罗老师的手，依依不舍。此时列车进站，罗队长登车放置好工具、器材，坐定后伸手向窗外频频挥手，致谢和告别相送的友人。

1926年10月至1932年8月，罗明燏历任广州市工务局测量员、工程助理员、技士、技佐，一直到广东省政府技正（总工程师），审核全省各县的公路、桥梁、水利，以及8000余民用建筑的设计及建设。

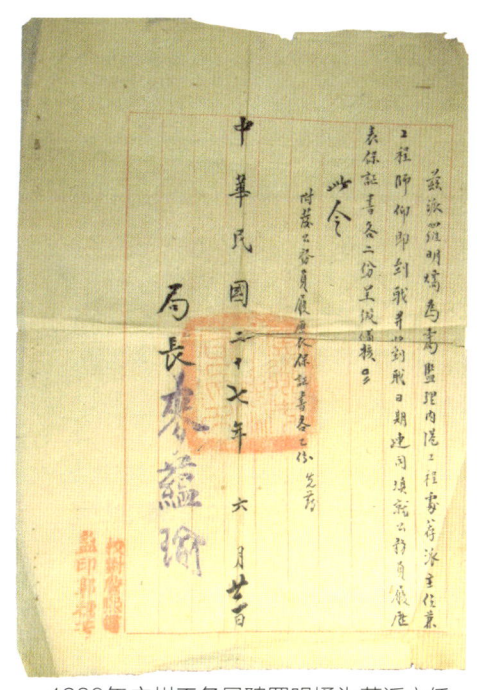

1938年广州工务局聘罗明燏为荐派主任兼工程师

留学美国麻省理工学院

获选官派留美资格

当时，广东省政府与美国政府有科技、文化交流项目，美国有少量名额提供给广东省政府选派优秀学员赴美留学。1932年8月，经过遴选和考试，天资很高又富有工作经验的罗明燏脱颖而出，获得留学美国麻省理工学院（Massachusetts Institute of Technology，MIT）资格，并由省政府出资公派留学。

罗明燏先生及其父母不胜欣喜，并为留学做准备，添置了一套新的西装、礼帽、皮鞋和御寒的衣服，准备了英汉、汉英大词典各一册和一些数学、力学等方面的书籍，并订好船票。罗父、罗母设家宴为儿子饯行。罗父一如十年前送别罗先生赴北方唐山求学，叮嘱一定要专心学业，学成归国为国家服务。慈母里里外外检查儿子的行李，衣物是否够用、是否够御寒。

赴美求学，乘巨轮渡太平洋

启程之日，父母、亲友、同事相送罗明燏至广州西堤码头。告别众人，罗先生下船去香港，再从香港维多利亚港换乘克利夫兰总统号大邮轮横渡太平洋开赴美国。这次罗先生负笈万里，求学异邦，孤旅天涯。巨轮汽笛低鸣，离岸起航、破浪前进。

罗先生凭船票号码找到自己的铺位。这是二等舱，二人一个小间，室友小黄是一个香港青年，某富商的儿子，也是去美国留学，漫长的旅程使他俩成了好朋友。巨轮在茫茫无际的太平洋航行，罗先生步上甲板，只见天连海、海连天，有时巨浪拍打船舷激起浪花，成群海鸥追逐巨轮飞翔。太平洋壮丽的景观他还是第一次感受，令人激动和陶醉。但漫长的乘船生活却是单调的，听着轮机有节奏而单调的声音，有如催眠曲使人容易入睡，罗先生有时和室友聊聊天，以解寂寞。

巨轮航行了十多天抵达夏威夷的首府檀香山（Honolulu），在港口停靠一天。轮船泊港装卸货物，补充淡水、新鲜食物和一些用品。罗先生也随众登岸溜达。步出港区，是一条笔直的大马路，夹道的两边是高大的椰树、棕榈树；道旁草坪上的扶桑花、月季花、玫瑰花争相盛开；建筑物整齐美观，有些房子的墙面爬满绿色的攀藤植物"爬墙虎"。微风吹来空气清新，空中蓝天白云，这确实是个美丽的海岛城市。

晚上每个乘客获赠一张免费门票去海员俱乐部观看演出。罗先生与小黄一同去看演出。最使人感到新鲜而有趣的节目是土风舞——草裙舞，一班体态丰腴的土著少女身穿草裙（由草条编织而成的裙子），上衣单薄，头戴彩色花冠，随着敲击乐——土著音乐的节奏翩翩起舞。她们踏着舞步，时而扭动、摆动腰肢，时而抖动身躯，欢快而热情。该节目博得观众热烈的掌声。

另一特色节目是夏威夷式的吉他演奏。同样是六弦琴，调弦使每条弦音频相差一定的度数。"夏威夷"式吉他和流行全球的"西班牙"式吉他在演奏方式上是不同的，持琴的方式也有差别。"夏威夷"式吉他在演奏时托琴水平放置，右手拇指、食指、中指各戴一只勾弦的金属指甲；左手握一圆柱小金属棒按弦、揉弦、滑弦，使有颤音、滑音的效果；左右手巧妙配合，奏出悠扬美妙的乐曲。演奏可单琴独奏或双琴协奏，旋律优美，使听者如入胜境，回味无穷。听"骊歌"一曲时，小黄直说"好啊"（粤语，意为好棒）。该节目也获得热烈掌声。

再一个节目是萨克斯独奏，吹奏流行的爵士乐。也有萨克斯吉他伴奏，由女歌手——一个浓妆艳抹穿高跟鞋的女郎献唱30年代流行的"oh，My Dearing"（啊，我亲爱的）等歌曲。不时爵士鼓、镲敲击声齐鸣，逗得西方青年男女兴奋异常，随着节奏左右摇头摆手，吹哨、狂热喝彩、飞吻、献花，热闹非凡。多年后罗先生谈起，仍记忆犹新。

当晚罗先生就在港区招待所歇息。翌晨旅客们在招待所用过早餐，各自带回行李上船回到自己的铺位。巨轮鸣过汽笛后就离港继续开航赴美国本土。旅程生活单调，日复一日。有时天蒙蒙亮走上甲板看日出；有时和洋先生、洋女士搭讪，用英语和他们聊天，检视一下自己的英语会话能力。语言要求之"四会"，听、说、读、写，罗先生觉得自己的听说不如读写，因为在广州讲课或工作多是用国语或粤语，偶尔也用英语，涉外工作才全讲英语。他知道自己的短板，决心日后要补上。

从香港乘船往美国的旅客，除了欧美裔还有不少中国人，多数是广东五邑地方人，他们或移民或探亲。在19世纪中期，美国修建横跨北美大陆的大铁路时，从中国招募劳工。广东五邑的贫苦农民应征，被"卖猪仔"当契约劳工，远涉重洋去美国修铁路或当矿工，许多人水土不服，过劳、疾病，客死他乡。

经过十多天航行，在水天之间隐约可见陆地时，旅客们兴奋异常，都挤上甲板或船舷眺望，指指点点。快到旧金山了，几个华裔旅客指着一个离岛搭起话来。罗先生好奇问道，"先生，这小岛有什么名堂吗？""这小岛名天使岛，因历史发生过的事而出名。自美国的排华法案出台后，专门关押从旧金山登岸的华人。他们只因证件不齐或移民局对证件有怀疑就被关押，囚禁在小岛拘留所等候审查。一关押就几个月，半年或一年，最长的达两年。被关押者不堪受屈、折磨，有人写下绝命书而后自杀。这是饱受歧视屈辱的华人移民血泪史。"一个旅客侃侃而谈。

乘火车横跨北美大陆

罗先生携着行李离船登岸，走出港区，先找了个旅馆安顿。旅馆有代售火车票服务，他当即买了旧金山到波士顿的联票。在国内，罗先生已略知旧金山的历史，西班牙人发现此地，三藩市（San Francisco）之名字是西班牙语；因加利福尼亚州的沙加缅度河谷发现金矿，移民蜂拥而至来淘金。淘金热迅速发展了三藩市，使其成了美国西海岸的名城，华侨称其为"金山"，后区别于澳大利亚墨尔本（新金山）而改称"旧金山"。该城因承办过世界博览会，更是名噪一时。

罗先生在旧金山停留两天，匆匆游览城区。这里马路宽阔，沿着丘陵地貌起伏。建筑是多层欧洲式的楼房，移民来美国的华人多经营餐饮业、洗衣业。后洗衣业由于纺织、制衣工业技术发展而逐渐式微，代之而起的是制衣业。罗先生徒步穿过中式牌坊，到了唐人街。狭窄的街道两旁，餐馆、小店林立，游人如织。他走进一间餐馆小酌，席间与老板聊天。老板是移民第二代，父子俩胼手胝足打拼，一年三百六十日无休，每天干12小时。他听罗先生说是从中国选派来美的留学生，非常羡慕，感慨地说："你们有志有为，来美国深造，学好本领回去，务必把祖国建设富强，这是我们海外华人的最大心愿！""这也是我最大的心愿。"罗先生应答。

次日，罗先生乘坐太平洋铁路公司经营的火车向东出发，穿过狭窄的西海岸沼地，到达内华达山区。列车在险峻的山区铁路绕行，时而绕过幽暗的峡谷，时而穿过长长的隧道。当年不少参加修筑铁路的"华工"在此荒野之地埋骨异乡。北美中西部地区，大部分是蛮荒之地。不时见成群野牛在悠闲吃草，野生动物在奔跑追逐。偶尔在草原上见到头戴牛仔草帽、腰间斜挎子弹带、腰别左轮手枪的牛仔骑士骏马奔驰，好生潇洒！

火车开过一段起伏绵延的丘陵地进入科罗拉多高原。落基山是纵横北美的最大山脉，到处高峰林立，云雾缭绕，峡谷幽深。火车开过一条又一条的跨谷铁桥，穿过无数的隧道，继续东行。到了密苏里河，密西西比河流域的河谷平原又是另一番景象。窗外都是一望无际的平原，绿油油的庄稼，间有稀疏的农庄、农舍，以及饲草堆和储水塔、停置的拖拉机与农耕机具。田野上极少见到农夫劳作，代之的是农机驱动耕作。耕田已将人力、畜力解放出来，实现了农业机械化。罗先生深感中国与美国的差距，要追赶，起步艰难，任重道远啊！这河谷地域盛产玉米、小麦，是美国的大粮仓。

火车疾驰到了芝加哥站。芝加哥是美国铁路中心、工业重镇，又是玉米、小麦粮食现货、期货的最大交易中心。它坐落在密歇根大湖西南角，开阔的湖面上空形成负压，强劲空气流通形成强风，有"风城"之称。罗先生走下站台溜达，也感到凉风阵阵。

车行五六个小时后到了宾夕法尼亚州的匹兹堡站。匹兹堡是美国钢铁工业的基地，高炉高耸、烟囱林立。罗先生走下站台，仿佛空气中也有冶金产生的焦灼气味。

火车继续开行几小时到达宾州最大城市费城。该城在美国独立战争时期有许多故事，《独立宣言》就在此地起草、发表。城内有自由钟、自由广场供游客参观。历史上该城做过美国初期的首都。罗先生下站台观望了一下，无暇出站游览。

再开行几小时就到纽约市，那是世界规模最大的超级都市之一，也是个大海港城。港外一个小岛矗立着高大的自由女神像。纽约是美国经济和金融中心，闻名中外的华尔街证券交易所就坐落在曼哈顿的华尔街。许多大银行、大财团、大老板就在华尔街经营运作。那年代曼哈顿正在兴建摩天大楼，大楼如雨后春笋般拔地而起。罗先生此行是赶去波士顿上学，火车停纽约站20分钟，他只能在站台溜达，无缘出站游览。

美国的地理和自然环境百闻不如一见，新鲜而奇特的景观使人兴奋，罗先生竟忘记了旅程的疲劳。漫长的旅程终于结束，到达终点站——波士顿（Boston）南站，完成了从太平洋海岸到大西洋海岸横穿北美大陆的长途旅程。

入读麻省理工学院研究生院

罗先生阅读过美国历史，知道波士顿是美国革命——独立战争的策源地。"黑茶党""倾茶事件"以及在莱克星顿镇打响的反抗英国殖民军的第一枪，拉开了美国独立战争的序幕。它是美国文化、教育、科技的重镇，现在有缘来求学实在是件幸事。

他按入学通知书指南，在车站内找到驳接的地铁——红线站台，自携行李搭乘地铁。地铁往北开行两站到查尔斯——麻省总医院站，列车开出地面从大桥上跨过查尔斯河后又钻进地下，再经过两个站，就到达目的地铁站——肯都/麻省理工站（Kendall/MIT）。罗先生出站到地面，按入学通知书指南的指

今日麻省理工学院（MIT）之鸟瞰

引，走进麻省理工学院校园，顺利找到新生报到站，办理注册入校手续，校方安排入住麻省理工学院研究生院的学生公寓。

罗先生来美留学是广东省政府官派，省政府的财政情况比较好，资助留学生的预算能落实，留学生能按时收到汇款。他没有经济压力之忧，一心向学，全力打拼。

趁开课前的休息时间，罗先生漫步麻省理工学院校园和与它毗邻的哈佛大学校园。两校风景相似，建筑风格却各异。麻省理工学院与众不同，它有铁路通入校园，有试验工厂，现代建筑物居多。而哈佛大学保留红砖清水墙面的古建筑，古色古香、错落有致。哈佛大学中心区有一座哈佛先生的铜铸坐像矗立在一幢红砖墙的古建筑前面，校内有一座宏大的教堂。与广州的中山大学、岭南大学校园相比，他对此又有一番感触。

麻省理工学院主楼

紧张的学习生活

新学年开学了,开启了他两年的紧张学习生活。罗先生同时申请修读了两个专业,一个是航空工程,另一个是土木工程。当时中国的航空工业几乎是一片空白,没有生产制造飞机的工业,只有一些维修厂。欲改变落后面貌,必须先培养人才,航空专业人才是国内之急需。中国的土木建筑业与国外的先进技术相比仍落后一大截。十年前他就读唐山大学,学的就是土木工程专业。毕业后他为广东设计、建设了许多工程;任教中山大学期间也培养了不少专业人才,在教学、理论和实践方面都积累了丰富经验。这次出国深造前,他已经有了扎实的基础,所以大胆同时修读航空工程与土木工程两个专业。

麻省理工学院的科技、工程水平世界一流,教授的水平很高,不少人是诺贝尔奖得主。学校对学生要求很严,培养出来的人才都是行业的翘楚。他修读航空工程,师从查尔斯·斯塔克·德拉帕(Charles Stark Draper)教授。德拉帕教授是航空导航专家,航空陀螺仪的发明者,名字载入"美国名人录"。现在导航靠人造卫星,美国有GPS系统,中国有北斗系统。在未有人造卫星导

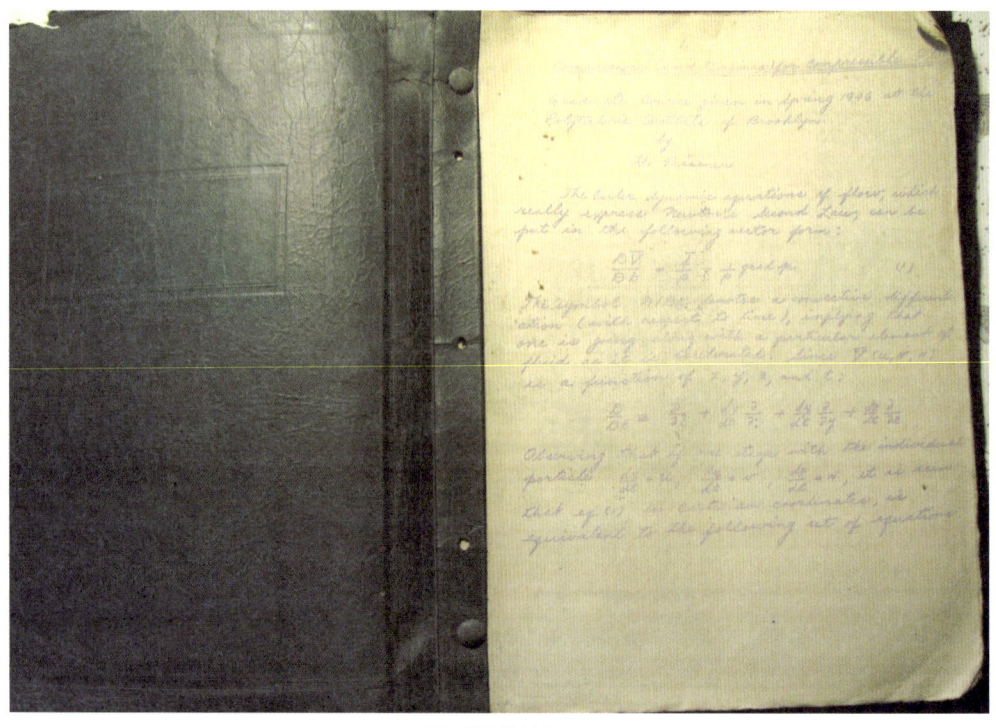

罗明燏的笔记

航的当年，航空导航就全靠航空陀螺仪。

航空工程研究生的必修课很多，有微分方程、线性代数、概率统计学、流体力学、空气动力学、材料力学、材料科学、气象学、飞行器设计、导航等。土木工程必修的有水文、地质、材料力学、结构力学、土壤力学、硅酸盐物理、化学、建筑设计等。两个专业有些基础课是共通的，如数学和力学。修一门课的学分可以两用，省些学时和学费。他面对繁重的课业和巨大的学习压力毫不胆怯。修读高深的数理、工程、科技的学子除了必备的资质外，还需付出巨大的努力，需承担巨量而枯燥的课后作业以及必不可少的耗时、耗精力的多门实验课程和实习，这比修读人文专业所要承受的压力沉重得多！罗先生不畏艰难，每晚熬夜至午夜一两点完成当天的作业、预习明天的课程。麻省理工学院的图书馆非常独特，24小时开放，不关闭。罗先生有时在图书馆学习通宵达旦，每当感到疲劳困顿时，他就想到祖国贫穷落后，父母乡亲对自己的嘱托和期望，时刻在鼓舞和鞭策自己，立志迎难而上，一定要把先进的科学技术学到手，回去建设祖国，报效祖国！有时演算难解的习题，彻夜难眠，甚至有时睡梦中都在解题。天天熬夜，近视的度数变深了，只好更换眼镜。原来只饮用茶水提神，现在不得不喝高咖啡因的浓咖啡解困。饮食也异于家乡的大米、蔬菜，代之的是牛奶、面包、三明治、汉堡、沙拉，热狗代替了广式腊肠；偶尔与同学好友去唐人街饮茶、吃饭，打打牙祭以解乡愁。

麻省理工的人文环境和课余活动

麻省理工学院毗邻哈佛大学，坐落在马萨诸塞州的剑桥镇（Cambridge），那是美国文化、科技、学术的殿堂，许多科技、学术大师、名师齐聚于此。有不少诺贝尔奖获得者任教于此或出自于此。麻省理工学院与哈佛大学地缘关系类似于北京大学与清华大学。每年高校举办的校际运动会（如田径、划艇等比赛）往往是两所名校一争高下，囊括奖牌，其他高校不是对手。英国的剑桥大学、牛津大学亦是如此，上演双雄争冠。罗先生虽然没有参加竞赛，但乐于观看各类竞赛运动。

查尔斯河上的风帆船运动

新学年开学不久就是中秋节,中秋之夜哈佛大学、麻省理工学院和波士顿大学的华人学生联合会举办中秋节及新学年留学生联欢会,莘莘学子齐聚于哈佛大学校园的一个小礼堂。陈会长致辞庆祝中秋节,祝同学们节日快乐,并介绍联合会正副会长及各位干事、通信联络方式和本会的宗旨及活动内容等。然后当年入学的新同学作自我介绍,相互认识。这些同学有来自清华、北大、南开、复旦、上海交大等名校的,也有的来自北京的辅仁大学、上海的圣约翰大学、广州的岭南大学。同学们修读的专业很广,有法律、经济、商贸、农学、工学、哲学、政治、神学、医学等。他们都是优秀的学子,来自祖国各地,通过茶叙、交友、赏月,品尝月饼,寄托乡思,增进友谊,互助鼓舞、励志,增强报效祖国的凝聚力。不少精英学成回国后成为科技、工程或学术界的领军人物;也有继续深造、留在美国发展,于学术或科技有重大建树的。

刻苦学习获学位

罗明燏一步一个脚印，逐门功课修读并通过，每门的成绩都是A，寒暑假、春假从不休息。他去西雅图波音飞机公司实习，见识了军用飞机、民用客机是如何装配制造的；去纽约、芝加哥、亚特兰大等机场见习，了解航空港是如何管理运作的；他还参观了一些军用机场，这些实习令他大开眼界。他对这些设施、技术默记在心，反复思考、感悟，使自己的技术水平得到很大提升。回国之后他的所学大有用武之地，在受广东省政府派遣去意大利谈判和购买军用战机、新中国成立之后设计汕头军用机场等时大显身手。

在土木工程方面，他参观了纽约正在兴建的高层建筑，号称摩天大楼的帝国大厦、洛克菲勒中心，了解工程是如何施工和管理的。更难得的机会是他到现场参观了正在建设施工的胡佛大坝水电工程，了解这宏大的工程是如何施工和管理的；也目睹了美国大萧条时代，筑坝劳工劳动超繁重、工资微薄、生活艰辛的状况。工程承包商利用大萧条时期工作难找、失业率高的影响，故意压低劳工工资待遇，引发不少劳资纠纷，不时出现工潮闹罢工或施工队伍被辞退解雇等事件。这使他对资本主义社会的本质有较深刻的认识。

经过两年苦读，修足学分，罗先生完成了硕士论文并通过答辩。论文被评为优秀论文，他如期毕业，拿到航空工程和土木工程双硕士的文凭。在麻省理工学院颁发毕业证书的毕业典礼上，当颁证老师呼叫："请优秀毕业生罗明燏上台领证"时，戴着四方帽、穿着礼袍的罗先生心里一震，随即自信满满昂首迈上主席台，双手接过文凭，与老师握手、行礼，接受拍照留念，场内顿时响起热烈掌声和喝彩声。

这届毕业的同班同学，出了不少杰出人才。有后来成为加拿大空军司令的詹姆士先生；有入职美国国防部、专为航空母舰舰载战机弹射起飞检测把关的汤姆·佐治先生等高级科技专家。

罗明燏在麻省理工学院取得双硕士后即转赴英国伦敦帝国理工学院继续求学深造。启程之前，约了几位好友同学去唐人街某酒楼餐聚。大家依依惜别，同学们各奔前程。如鲁迅旧诗"却折垂杨送归客，心随东棹忆华年"。"愿天涯若比邻"吧。

在美求学时购买的计算尺

（现已支离破碎，此计算尺伴随了罗明燏一生，所有工程设计都是用此尺进行）

父亲病故，离开伦敦回国

1934年秋，从麻省理工学院毕业后，罗明燏乘船跨大西洋到达英国伦敦，并申请攻读帝国理工学院研究生院博士学位，研究飞机结构。在英国，剑桥大学、牛津大学是文理科的名校，而帝国理工学院则以工程科目著名。校方招生办看了他的履历，与其面谈之后立即招收其为学生。

伦敦是大不列颠及北爱尔兰联合王国（大英帝国）的都城，历史悠久，有许多历史文化遗迹和出名建筑，值得游览。罗先生第一次来并住在伦敦，百闻不如一见，每逢休息日，他就自助去游览，沿着泰晤士河漫步，隔河眺望沿河岸展开的尖塔顶的英国议会大厦建筑群和著名的大本钟楼。有时还穿过有两座桥塔的伦敦桥，走到白金汉宫前广场，观看头戴熊皮帽、身穿红色制服的王室御林军的操演。还参观了闻名遐迩的哥特式建筑——西敏寺大教堂，教堂内大厅悬挂着豪华的宫廷大吊灯，廊道墙壁镶挂着宗教内容的油画，富丽堂皇。从高高的廊道通往布道大厅，在廊道从侧门往外走是花园和墓园，埋葬着王室名人、历史名人和科学家，著名的科学家牛顿的墓就在这个墓园里。

他还专门徒步到唐宁街10号驻目一下，那是英国首相官邸，门前看并不显赫耀眼，红砖清水墙就像普通民间建筑，可里面却大有乾坤，二战时期，首相丘吉尔就在这幢建筑物地下作战室发号施令，指挥全球的英军作战。

伦敦城内的马路不算太宽，双层巴士、小汽车穿梭而过，行人匆匆。这是个繁华的国际大都市，是往昔辉煌的日不落大英帝国的心脏。二战时期纳粹德国的空军元帅戈林指挥对英国空袭，上演了伦敦大空战的惊险一幕。英国使用雷达侦察到来犯敌机的坐标方位，英军战机精准迎击，使德国空军损失惨重，无法取胜而掉头向东，侵犯苏联。

在伦敦期间，罗先生参观了世界知名的英国博物馆，那里收藏了近千万件来自全球的珍贵历史文物和艺术品，其中有不少是从世界各地搜罗窃掠而来的。陈列品有五六千年前古埃及法老王的木乃伊，有两河流域古巴比伦、亚述时期的大块宫廷建筑石门、石构件、石棺、青铜兵器；有古希腊时期石雕女神像；有古罗马时期将士的盔甲、矛、盾、短剑、投枪等兵器；有古印度王的王冠、宝石；有波斯帝国大流士王朝宫殿带浮雕石块件；有撒哈拉沙漠以南非洲土著的人形石雕；也有美洲土著酋长的羽毛冠和墓葬金银首饰，以及阿拉伯沉没古航船出土的香料、瓷器等。展出的中国文物更是无价之宝，有高古的红山文化玉雕件，殷墟出土的刻有甲骨文的鱼甲兽骨；有商代的青铜鼎和各式青铜器皿；秦汉时期的铜镜；有胡人骑骆驼的唐三彩，珍贵的北宋汝窑笔洗瓷器；价值连城的元明清三代的官窑青花瓷瓶；也有第二次鸦片战争从圆明园劫掠来的珍宝；有宋元明代米芾、赵孟𫖯、文徵明等的字画……目不暇接，应有尽有，叹为观止。

20世纪初，八国联军入侵，英、法、德、俄、日等国的文物窃贼以探险、考古之名争先恐后来中国搜罗盗挖、窃掠文物，还趁中国贫穷在文物市场贱价收买古董文物字画。

这帮文物窃贼中，匈牙利人斯坦因是罪魁祸首，是窃掠敦煌文物的始作俑者。他到敦煌利诱贪婪无知的王道士，用200块银圆从他手中骗买了4万多卷密藏在藏经洞里的古籍经卷，这些经卷大部分是毛笔抄写的汉字经卷手抄本，这是跨越一千年的宗教、文化、社会民俗的积淀，除汉字还有少量波斯文、天竺梵文、大食阿拉伯文。中亚诸国及吐鲁番藏文的古卷，极具历史和文化价值，有据可考，见证了欧亚大陆古丝绸之路的兴衰。

斯坦因雇了几个佣工，驱赶29峰骆驼驮着满载的经卷沿西域丝绸之路运回英国殖民地印度，再由海路转运回伦敦。更有甚者是把敦煌石窟中美丽的彩色壁画盗剥下来展贴在他们博物馆的展墙上，其猖狂行径令人发指。

罗先生痛惜祖国文物遭盗失流落海外，痛恨偷盗者的无耻，也深感祖国积贫积弱被欺之无奈。因英国对汉学、古文字研究的学者不足，对敦煌古卷研究陷于停滞状态。这些敦煌古卷长期被尘封在馆内，外国学者出于研究也可馆内借阅。国学基础不错的罗先生可惜忙于学业而无暇借阅敦煌古卷。

罗先生还慕名专程去造访剑桥大学和牛津大学，去感受两校的学术气氛。大科学家牛顿在剑桥大学学习和工作过，当年他发现万有引力的那株苹果树据说还在。这两校是顶尖的学术殿堂，培养了不少获诺贝尔奖的科学家。

在伦敦，三个月一晃而过，罗明燏刻苦地学习，过得很充实。1935年，罗明燏通过了博士资格考试（Doctoral qualifying exam），接下来可以准备写论文，取得博士学位了。英国的研究院学制与美国不一样，无须修课程，只要写出论文，就可授予学位，是快速取得学位的好去处。眼看这博士学位不久就可以获取时，罗先生忽然收到家中噩耗，父亲罗文庄因心脏病去世。罗家的家教严谨，游子必须回家守孝。这对罗先生真是晴天霹雳，遥望家乡，相隔万里，又无法速归。孝子之心，悲从中来，垂泪叹息。他急忙打听远航中国邮轮的航期，几经周折，等待一段时间后终于订到开往中国的船票。当他去告别导师时，导师扼腕叹息："你如能留长一些时间把论文完成，通过博士论文答辩是水到渠成的事，你也会顺利获得博士文凭。"罗先生以平和的心态说："我已订好船票，无法延期。即使我没有拿到文凭，我已经把知识实实在在学到手了。感谢你对我的教导，珍重！"但在心里，罗明燏还是把未能取得博士学位这事引为终身憾事。

罗先生告别教授，离开伦敦归国。搭乘伊丽莎白公主号邮轮起航，巨轮穿越英吉利海峡进入大西洋，从直布罗陀海峡进入地中海往东行，穿过苏伊士运河进入红海，再出亚丁湾进入印度洋。巨轮航行至印度的西海岸孟买港停靠半天，上落客货，加装淡水。离港后继续东行穿越马六甲海峡并在新加坡停港半天上落客货，再离港后进入中国南海，继续航行两天就抵达终点香港。巨轮停泊维多利亚港。

归心似箭的罗先生携带行李上岸，即乘轮渡过九龙，从深圳罗湖入境搭乘火车回广州。当他从广州东站下车时，兴奋地疾呼："广州，游子回来了！"

罗明燏和钱学森的同门之谊

罗明燏先生从麻省理工学院毕业一年后的1935年9月，麻省理工学院航空系又迎来一个新同学——钱学森先生。钱学森先生从上海国立交通大学毕业后公派留美就读麻省理工学院航空工程，两人是同门师兄弟。钱先生于20世纪50年代归国后成为中国火箭导弹科技的领军人物和航天事业的奠基人，为中国的"两弹一星"事业做出卓越贡献，是"两弹一星"元勋。国外有媒体说，"钱学森的学识和智慧能顶五个师"；也有说若不是他归国，中国的火箭、太空技术恐怕晚十多二十年。

钱学森在麻省理工学院毕业后即转赴位于洛杉矶附近的加州理工学院（Caltech）航空系攻读博士学位，师从冯·卡门教授。这个Caltech是个研究生院，规模不大但里面尽是精英人物。流体力学的祖师爷冯·卡门十分欣赏钱学森的才华，在钱学森取得博士学位后让其留校任教，后来钱学森成为冯·卡门的左右手。1945年，加州理工学院提升钱学森为副教授。在冯·卡门被空军聘为科学咨询团团长的时候，他提名钱学森为团员。同年5月，第二次世界大战结束前夕，钱学森随科学咨询团去欧洲，考察英、德、法等国的航空研究，特别是法西斯德国的火箭技术发展，如V-2火箭技术的发展情况。彼时，发明V-2火箭的天才——冯·布劳恩（Von Braun），作为战俘被

冯·卡门（流体力学祖师爷，美国空军顾问）

冯·布劳恩及其V-2阿波罗火箭

送到美国。冯·布劳恩对美国贡献极大，美国的航天事业、阿波罗计划，都是他帮忙建立起来的。

据说20世纪40年代末，钱学森曾参加过加州理工学院一位左倾的教授召开的派对（party），因此被美国联邦调查局（FBI）盯上。20世纪50年代初，极右的麦卡锡主义疯狂流行，甚至一度怀疑艾森豪威尔总统是苏联间谍，后来才被日渐压制下去。这段时期，钱学森的日子很难过。他与美空军的一切研究都被禁止，只能教点书，还一直被监视。钱学森于是秘密地通过第三方，向中国表达希望能回国的愿望。中国政府十分重视，与美方交涉。美方谎称钱学森不愿回中国。当时美军将领丹尼·金布尔（Dan A. Kimball）还声称：钱学森无论走到哪里，都抵得上五个师的兵力，宁愿看见钱学森被枪毙也不能让他回国。中美为此不断外交谈判，1955年，中国以提前释放战场上被俘的11名美军飞行员作为交换，终于换回了钱学森。

再来说说钱学森先生与罗明燏先生的深厚友谊。他们同为炎黄子孙，先后就读于麻省理工学院，且同在航空工程系，两人虽未谋面，但彼此已有所了解。1945年，罗明燏先生率考察团到北美考察航空公司，以便为今后中国的航空事业建设做准备，其间到访钱学森任教的加州理工学院，两人终于得以见面。1946年7月，罗明燏任职美国航空咨询委员会（NACA，美国航空航天局NASA的前身），钱学森此时从加州理工学院辞职任教麻省理工学院航空工程系，仍兼任NACA委员，罗明燏也时回母校麻省理工学院拜访故友与了解美国航空教育，一来二去，两人从此结下深厚的友谊。1955年10月，当钱学森冲破重重阻力回到祖国时，时任广东省委第一书记的陶铸受周恩来总理委托，邀请罗明燏先生一同去深圳迎接乘船回香港从罗湖桥头归来的钱学森先生，十年未见的两位好友又再次相见。

东莞糖厂的设计与建设

父亲离世，罗明燏回家守孝后，他又为陈济棠设计建造多项工程项目。1935年秋，罗明燏被任命为陈济棠司令部少将技正（总工程师）。此后罗明燏经历了军阀混战、抗日战争、解放战争时期，直到迎来中华人民共和国成立。

1935—1936年间，罗明燏为陈济棠完成了十多项大工程设计，下面择两项描述一二。

20世纪30年代初，广东的政局和社会相对稳定，经济和建设发展较好，市场繁荣，教育和科技都有所发展。粤省高校的农学院引进印度尼西亚、古巴等地的甘蔗良种，并推广先进的种植技术。珠江三角洲土地肥沃，雨量充沛，灌溉便利，南海、番禺、顺德、中山、东莞五个县随处都是万顷蔗田。西江走廊的河谷、丘陵地也盛产甘蔗，而当时广东工业化加工制糖能力严重不足，收获后大宗甘蔗要运去香港的太古糖厂加工制糖。

珠三角勤劳的先民把河滩、低洼地改造成围田、桑基鱼塘、蔗基鱼塘，蚕桑业、甘蔗种植业蓬勃发展。当地有很多土法制糖的大小作坊，叫"榨寮"，把甘蔗放在大石磨里，用水牛牵拉磨子碾压榨出蔗汁，收集的蔗汁盛在大铁锅熬煮至黏稠的糖浆，再把糖浆盛起铺在竹编的大簸箕里，干燥后切成条状的薄片，成品叫片糖。这种土办法加工业零碎分散，与现代化制糖工业相比，出糖率低，原材料没有合理综合利用，总体经济效益低，在国际市场的竞争力自然比不上白砂糖。

20世纪30年代初，广东省政府雄心勃勃，招揽人才积极建设，发展经济，蚕桑业、蔗糖业成了广东的重要支柱产业，也是省政府的重要税源之一。在省政府推动和广东实业界的策划下，成立了东莞糖厂。因当时中国尚无制造现代制糖设备的能力，经调查研究，选择了从捷克进口制糖厂的全套生产设备。

该公司先是请了英国工程师Blackmore来设计，但他因无法处理地基问题而主动辞职。这样使工程变得被动起来，业界较有名和有影响力的工程师都不敢接手这个烫手山芋。此时罗先生接受主持广东军政的陈济棠的指派，建设东莞糖厂，担任这个厂的总工程师。

东莞糖厂的厂址选在东莞麻涌，这里公路、水路通达，这一带河涌成网，良好的水路直达厂址码头。罗先生和他的助手徒步踏勘了拟建的厂区，关键的地方如码头等地叫助手测量准确，详细记录，回设计室时则开始构思。设计时先从总图下手，根据制糖工艺流程和工艺要求，排布各车间位置；根据机器设备运转的功率和负荷计算、设计绘制机台的钢筋混凝土基础。根据厂区的地质钻探数据知道了每个位置的冲积软土层的厚度，从而确定每个位置的钢筋水泥桩要打多深。建筑地基是关系到厂房安全和生产安全的百年大计，务必一丝不苟。东莞麻涌是冲积平原之地，沉积的软土层很厚，且厚薄不一，桩位和桩长的确定需特别细心。

制糖的第一道工序是甘蔗压榨。压榨机的功率大，一昼夜可以吞食千吨计的甘蔗，承载压榨机的钢筋混凝土平台和基礅，其基桩必须匹配有足够的抗压强度和深度。从河道水路运进甘蔗的码头泊位要考虑河水涨退潮水位的影响；还有抓送甘蔗吊机、滚筒传送带、驱动电机机座等都需周详考虑；从陆路进料的汽车或拖拉机泊位、卸货位等都需兼顾考虑。

现代化的大型制糖工业流程为：甘蔗经压榨，榨出的蔗汁收集后经过滤、澄清、漂白，用泵驱动从管路连续输送至负压加热的蒸发罐浓缩，蔗汁中大部分水分被蒸发走，浓缩的糖浆经离心分离出结晶的白砂糖，再经干燥、包装成成品，得到主要产品。经离心工序残留的黏稠糖浆叫糖蜜，经发酵和蒸馏可制成医用酒精。甘蔗渣是良好的纤维，可用于制纸。机械化、自动化生产，可达到甘蔗原料综合利用，效率高、出糖率高、产能大、效益好、利润高的目的。

大型企业的厂区设计，五脏六腑都应俱全。根据工艺流程，设计涵盖制糖工序的主车间和辅助车间、锅炉车间、变电站、配电室、机电维修间、产品包装间、成品仓库、工器具仓库、厂区道路、供水、排水、排污管道等。

罗先生主抓糖厂的设计,与助手们分工合作,设计进度很快,一个星期就把设计图纸做出来了,呈递省工务局审批,批复很快就下来了。接着立即组织工人进行施工,为了提高工人的积极性以加速工程进度,实施三班制日夜施工,只用了四个月的时间,整个工程便全部竣工。接着进行部分试机,效果良好。1936年1月,东莞糖厂正式投产并运转良好。每年能生产上万吨结晶白砂糖和一千吨医用酒精和几百吨纸张,产值和效益双佳。

在筹建糖厂时,广东成立了东莞糖业股份有限公司和董事会,投资和营运管理企业。董事长特别欣赏罗先生的才干和实干精神,提议董事会延揽招聘他为董事,兼董事长助理。罗先生婉拒了这可与省级高官相媲美的五十万大洋的肥差。他幽默回应,"谢谢董事会和董事长先生如此看得起罗某。我平生的宗旨是以我所学的专业技能服务社会,而且要不停学习才能跟上科技的进步。倘让我坐享优薪,我不就变成一个徒有虚名的无用之徒啦!"此事一时传为佳话。

当年,捷克售卖成套制糖机械设备给东莞糖厂,赫斯(Hess)工程师被派遣来东莞协助安装调试设备,与罗先生并肩工作过。事别二十多年后的1955年,赫斯先生专程来中国回访东莞糖厂,还特意拜访罗先生叙旧以表友谊。东莞糖厂是广东众多糖厂之母,继它之后又陆续建成了番禺糖厂、紫坭糖厂、新造糖厂、南海糖厂、顺德糖厂等十大糖厂,东莞糖厂是后建的糖厂之样板。当时广东的蔗糖产量占全国一半以上,蔗糖业成为广东的支柱产业,也是省财政支柱和重要税源之一。

罗明燏与赫斯先生合影(1955年)

广三铁路三水段改造工程

近二十年中国的铁路、桥梁、隧道建设成就从数量到质量都是举世瞩目的,达到世界领先水平。广东的交通运输业、物流业随经济发展突飞猛进。省内有京广、京九、广九、广茂、广梅汕铁路,城际高铁交织。高速公路成网,更有港珠澳跨海大桥,远非昔日可比。

广东三水县(现佛山市三水区)位于广州西边五十公里,它东临南海县(现佛山市南海区),西连高要、肇庆,西江和北江汇合于此地,是水路交通要冲。南海、三水盛产水稻和甘蔗,有大量物资汇集或过境。

广州至三水的广三铁路起自广州白鹅潭区域内的石围塘,经三眼桥、佛山、小塘至三水,分两段先后修筑,全长48.9公里,于1903年全线正式通车,由美国华美合兴公司承建。广三铁路建成时称省三支线,是国内最早的复线铁路,与西、北江航运连接,是当年通向粤西、粤北主要通道。广三铁路建成时,于当时的经济水平、人流物流而言,可担此重任。但经过二十多年的使用,其技术水平和运力如老牛拉车,不堪重负,力不从心。民国初期北洋系军阀龙济光窃据广东三年,后来军阀混战、政府更迭、政局不稳,广三铁路未得到应有的维修和升级改造。

20世纪30年代初,广东政局稳定,民生安定,财政好转。为了适应经济和生产发展,省内政界、实业界及有识之士都认为广三铁路应该及时"动大手术",升级改造。广三铁路沿线人口稠密、商业繁荣。它连通西江、北江至广州的物流,继而方便货物通达港澳及珠三角各城镇。在广东主持军政的陈济棠、广东省政府主席林云陔都力主改造广三铁路，南京政府的粤籍大员孙科、宋子文也支持。

对于当时的生产力和经济水平，改造一条旧铁路也算是个大项目。广三铁路改造工程公司（下称铁改公司）应时成立了。通过政府发行公债、粤港实业界投资，很快就筹集了资金。经过实地勘测，很快就完成了铁路改造工程方案；描好草图，做好预算，由省铁路局、财政厅等部门联合审议，批准了方案；随后完成了铁路改造工程的施工图，编制施工方案。此项工程经过招标竞标，铁改公司中标，承揽施工建设。

省市政府和承建公司择好黄道吉日在芳村石围塘广场举行广三铁路改造工程开工奠基典礼。当日，广东省、广州市、佛山、南海、三水政府代表，铁改公司的"老董"（董事）"老总"（经理）们，粤港实业界投资大亨，媒体记者云集于典礼现场。现场舞台前面悬挂着庆祝广三铁路改造工程开工的横幅，广场四周彩旗飘扬，大彩色气球悬挂"开工大吉"标语，会场还架设了高音喇叭。凑热闹的广州、佛山市民，如赶庙会般云集于会场。铁改公司的大老总作简短发言，随即宣告工程开工，拿铁铲铲土奠基。一时间鞭炮齐鸣，锣鼓喧天，管乐齐鸣。舞台上有舞醒狮助庆，续后由粤剧名伶演唱粤曲，热闹非凡。此项工程于当时经济水平，也算经济建设的盛事。

铁改公司的主要工作是全线更换旧铁轨，从意大利和德国进口铁轨和桥梁所需的钢材。因为沿线村镇、人口密集，从经济发展和民众需要考虑，新的营运计划客运火车分特快、直快和慢车三种，铁路沿线要建设不少客、货站停车的辅轨和储运仓库、场地。为了保障旧铁路线照常工作，营运需要建设一些辅轨以利改造施工。同时要在三水境内丘陵地开凿一条隧道，而且要全线加宽、加高路基。

施工工地现场设有指挥部，那是用帆布搭盖的帐篷，挂着指挥部牌子，并悬挂高音喇叭以便广播。现场有工程师、技术员巡视指导施工，办公室有人员值守办事。沿线上千修路民工分多地段同时施工。

施工作业者手持锄头、十字镐、铁铲铁锹等简单工具，肩挑扁担、用簸箕或手推"鸡公车"（独轮木车）在技术员指导下作业。在水乡、冲积平原，水田或湿地，要挖运湿土，在没有机械施工，只靠人力的情况下，有一个简易独特的土办法叫"挖泥枕""运泥枕"。作业者手持板锹用脚使劲蹬踩板锹，在湿土层挖出一块块湿而韧的长方泥块（广东方言叫"泥枕"），搬土者把泥块拾起放在水湿的滑板上用力一推，"泥枕"顺着滑板不费力滑移4~5米远。滑板有多长，泥块就能送多远。几个人接力干，可不费力移动十多米，这样就能把土挖出移送去加宽、加高路基。当时的施工条件，没有挖掘机和大型卡车，施工就靠上述的土办法。少量的货运汽车用来运送修路用的器材、枕木、石渣等。铁轨、石渣靠货运火车或驳船运输。加宽的路基，没有机动压路机，就靠人力畜力，用人力或骡马拉大石滚压路基，或四个人一组，每人把拴着方形石块的四个角的粗绳握紧，一起发力拉起石块至高位后，松绳，让石块落下轧打松土，叫"打夯"。施工者随着组长喊的号子一拉一松打夯。石块夯土，那可真是个重体力的活儿。

修路民工住的是用甘蔗叶或稻草在竹棚架上搭盖成的临时工棚，可遮雨挡风，棚内有竹杠、竹扁条搭扎成的大通铺供睡觉之用，晚上有小马灯照明。他们吃大锅饭，青菜汤，青菜加少量咸干鱼、大头菜佐膳，有时还有豆腐、炸豆腐泡炆鱼，或梅菜蒸猪肉。他们日出而作，日落而息。开工头戴竹笠，顶着烈日，赤脚或穿双车轮胶底的凉鞋"水陆通"。遇小雨时背披葵叶蓬或棕蓑衣照常施工，工地热气腾腾。架设跨小河涌的桥梁作业者用多台三脚架，手动葫芦吊进行装吊安装。没有大型吊装机械设备也难不倒建设者。

铁路改造工程进展顺利，很快就修好石围塘至佛山、南海的路段及沿线加建的车站、站场，工程已跨进三水县境。此时传来不利的消息，三水县境内丘陵地带搬运的土方量大，还要开凿一个隧道，最后这十几公里路段工程款就不足了。铁路改造工程只好暂停下来，等财务问题解决才能继续干。

省铁路局、工程局、财政厅联席研究这个问题，并向省政府主席林云陔汇报，省府主席也着急了。倘若功亏一篑，半途而废，不但经济损失，而且有损政府信誉，也愧对百姓。林主席做广州市市长时就认识罗明燏，每逢大的工程遇到困难就请他帮忙解决，这个难题何不请他"出山"帮忙？

广东省立勷勤大学土木工程系教研室响起电话铃声。"喂，call（叫）罗教授。""我是罗明燏，你是谁？有事吗？""我是铁路局黄局长，星期日早上我请你去北园饮茶，有时间吗？""哦，多谢，若纯是茶叙，容迟几天，我正在做一个课题研究，若有要紧事不妨直说。""省府委托我请你帮忙研究广三铁路改造工程的事……""好，我依约，星期日早上北园二楼见。"

常言道，食在广州，粤菜是八大菜系之一，许多美食令海外的美食家趋之若鹜，尤其是齐名的泮溪、广州、北园、大同，这四大酒家的美食更是名不虚传。广州市民有饮早茶习惯，亲友茶叙，乐得听听聊聊路边消息。一盅（茶）两件（点心），或及第（猪杂）粥、鱼片粥、肠粉等，丰俭由人，尤其是从业建筑、装修的"三行佬"必饮早茶。

在北园二楼芙蓉厅，茶叙者有省府办张秘书、铁路局黄局长、工程局李工程师和罗教授。大家见面握手寒暄后入坐一张圆桌。张秘书先开口说："谢谢各位光临，林主席差我来商量请教。广三铁路改造工程已完成芳村石围塘至佛山、南海路段，进入三水县境，今发现财务与预算有出入，欲完成则经费不足了，如何解决？"

李工说："承揽工程名义上是招标、竞标，与高官沾亲带故者容易获标。总承揽者分包给施工'食水太深'，或接分包者再分包给实际施工方，层层'食水'，雁过拔毛，施工者无利可图就偷工减料，导致工程事故，腐败露馅时不时会发生。"

黄局长说："倘若打擦边球'食水'又不至太深，恐难界定。"

张秘书说："开弓没有回头箭，广三铁路改造工程，面临经费不足，若下马就功亏一篑。我们是否研究一下有何良策？罗教授你谈谈你的看法。"

罗教授说："我不是审计官或检察官，先不谈'食水'问题。我是个学者，知道广三铁路技改对广东人流、物流和经济发展大有裨益。工程建设在进行，我很高兴。我在勤勤教书，没有参与工程，不在其位不谋其政。"

张秘书说："林主席差我来，请你'出山'帮忙解决问题。"

"那我就直言不讳，解决途径有两个可选，一是技改工程不足之经费再向社会民众发债券募款；二是调查研究，核实未完成之工程可否凭科技知识和智慧，节约办事，力争不追加经费，在保证质量前提下完成。第二个办法要凭调查研究获得的信息和改革施工方案才能下结论，它有一定风险。"罗教授说。

"那是个好主意！"黄局长和李工同声道。

经大家商量取得共识，先试探采取第二个办法，若行不通才采取第一个办法。张秘书回省府向林主席汇报，林主席连声称善，"那就马上进行吧。"

次日张秘书、黄局长、李工、罗教授驱车去考察调研。他们从广州黄沙码头坐轮渡过江抵芳村石围塘，停驻查看后继续前进经三眼桥、五眼桥、盐步大沥，不久到了佛山，见车站也改建好了。他们顺便买了几包佛山"盲公饼"特产，这是驰名的小吃饼点，酥脆可口，价廉物美，旅行、差途可以充饥。

他们继续驱车，南海境内一马平川，路旁视野之内是万顷良田，稻米、甘蔗如绿色的海洋，微风吹过如波浪起伏，使人心旷神怡，这是广东主要的产粮区之一。过了南海罗村进入三水县境，地貌从平原过渡到有小山包的丘陵地。由于经费问题，铁路改造工程已暂停施工，工地上仍有人值守。

罗教授一行人停车驻足观察，手持地图、罗盘，一一核对设计图、施工图，并找来值守的负责人了解情况，做扼要记录，掌握实况。到了三水县城西南镇，县府的陈秘书迎候并引导罗教授一行人察看西南站和要增建的站场工地，随后回县政府召开了调研会。

中午时分，周县长在西南大酒楼包了一桌，为省城来客接风，菜肴有白切鸡、北江河鲜、时菜炒田鸡等。席间县长问："广三铁路改造工程能按计划完成吗？"罗教授略作思考说："坦率说有困难，是财务有点问题。待我仔细研究，才能确切回答，希望是大的。"县长满酌一杯九江双蒸米酒敬罗教授，罗教授婉拒，荐李工代饮。

陈秘书说："可惜季节未到，晚稻成熟季节是吃禾花雀的佳期，到时请你们来小酌。"

"三水的禾花雀是难得的佳肴，天上人参，大滋大补。"李工说。

"我听说禾花雀是飞迁候鸟，远从西伯利亚飞迁到此地。广东人好美食，常捕野生动物制作佳肴，若此风气成商业行为必损大自然生态平衡。"罗教授说。

"教授言之有理。"张秘书惭愧地说。

罗教授回广州后，根据现场调查的信息，展开地图、地形（等高线）图、原施工图，统计完成了的工程有多少、未完成的有多少，做到心中有数。随后缜密思考，仔细计算，一杯浓茶提神，工作通宵达旦，终于找到了解决问题的办法。

在省政府召开铁路局、工程局、财政厅的联席会议上，众人听取罗教授的论证。罗教授建议，为完成未完的工程，需改变一些待建货场位置；将铁路线绕远1公里，免除开凿隧道，减少挖运土方的数量和开凿隧道的昂贵费用。会议做了听证和答辩，与会者讨论热烈。财政厅霍厅长说："我赞同新方案，不追加投资仍能完成，我感到惊喜！"省府通过此案，财政厅厅长签字，银行拨款可马上重新开工。

会后，罗教授有个好朋友陆老师提醒他，"这收尾工程是坨'苏州屎'（广东话意为擦屁股的事），几乎成烂尾工程。前期承揽工程的肥佬朱揾（赚）够了，就辞职去香港当寓公。你来接手，风险大呀，办不好的话，有损你的声誉。"

罗教授答："你的话不无道理，也是为我好，但是我'出山'不图名，不谋利，是为了家乡建设，不愿铁路改造工程半途而废。至于风险和困难是有的，我办事有科学依据，不是光凭一腔热情和冲动。"

"我佩服你的高尚品格，天佑你成功。"陆老师说。

林云陔主席任命罗明燏为铁路改造工程总指挥。罗先生请假离开教职，专司铁路改造收尾工程。他请会计公司清算和分割了工程前阶段的财物，大刀阔斧改组和整顿了工程承揽公司的领导班子，裁撤了一些占肥缺、吃闲饭、无担当、不称职的冗员，精简领导班子，任用能干、肯干、实干的年轻人。

工地又重新开工，彩旗飞扬，成百上千的修路工人有序地干活。罗明燏配备了一辆吉普车做远程工作之用，就近的区域他通常骑自行车，头戴安全帽，肩挎内装图纸、施工手册、笔记本、罗盘等的书包，还带一壶水和一些盲公饼以备餐饮不正常时可以止饥渴。

有一天筑路工人中午开饭时他刚好路过，小队长七叔招呼他，"罗总来和我们一同用餐好吗？"罗总也不客气，用汤碗打了饭菜和小队长、工友们蹲在地上围成小圈就餐，边吃边聊天。"罗总，我真佩服你看得起我们，毫无架子，和我们一起蹲着用餐。我听说欧美的'鬼佬'（洋人）不会蹲的，是吗？"七叔好奇问道。"哈，是真的。他们干低位的活计双膝跪地作业。"罗总答道。"听说你留学时吃面包、三明治，喝牛奶、咖啡，穿西装革履、打领带……"肥仔李说。"是呀，入乡随俗，我来工地就戴安全帽、着工装……"

罗总答。工友们爆发出一阵爽朗笑声。罗总毫无架子和他们打成一片，使他们对罗总愈加敬佩，大家鼓足干劲施工。

在罗总带领下，工程师、技术员严格指导、监督施工，改造工程按计划、按质按量如期完成。不追加投资仍能顺利施工，在当时可算得上是个奇迹。它凭的是科学技术、科学管理、设计者和管理者的智慧以及千百筑路劳动者辛劳的汗水而造就。改造工程通过严格检测验收和试车检查，工程质量上乘，试车安全无恙。

在广三铁路全线改造工程完成后，择吉日举行庆典。省、市、县府的官员代表，铁改公司的老董、老总们，地方绅士贤达，投资大亨，民众劳动者代表齐聚石围塘会场主席台。胸戴大红花的罗总出席，站在台中央。成千上万的民众也赶赴会场。彩色气球悬挂着庆祝竣工的标语，彩旗飘扬。主席台前悬挂着庆祝广三铁路升级改造工程竣工的横幅。省市官员和铁改公司老总简短讲话后，鞭炮齐鸣，锣鼓喧天，管乐齐奏，高音喇叭播放出雄壮歌声。

一列披花挂彩的火车搭载着庆典民众从芳村石围塘沿着技改升级后的新线往三水方向徐徐开出，与此同时，三水西南站一列彩车对开来广州，热闹场面弥久未息。自此西江、北江地区，物流、人流与广州、港、澳、珠三角市镇往来更加畅顺，大大有利于经济发展。

赴意大利购买飞机

在新中国成立之前,中国没有飞机制造业。首位制造飞机的中国人是20世纪初的粤籍旅美爱国青年华人冯如,他在美国奥克兰设计制造出第一架飞机并试飞成功,一年后又研制出了一架新型飞机,后来他带着两架飞机回到中国,在广州建立广东飞行器公司。冯如于1912年在一场飞行表演中因特发情况不幸失事牺牲,是"中国的航空之父"。

当时,被戏称为"南天王"的陈济棠掌管广东的军政大权,想雄心勃勃建设广东的空军,并打算引进德国克虏伯公司的技术和设备,建设现代化的军火工业,选址在粤北英德隐蔽的石灰岩山区。因罗明燏在麻省理工学院航空系和土木工程系就读,获双硕士学位,且"海归"后积极参加广东建设,完成了琶江兵工厂、东莞糖厂等大型项目的设计与建设,显示出非凡的才干,很受陈济棠的赏识。陈济棠也经常就工程建设咨询罗明燏。

陈济棠急欲扩充广东的空军,欲调查研究外国军用飞机产销的情况,自然就会想到罗明燏。陈济棠请他的哥哥陈维周、空军大队长黄光锐、罗明燏等人组成了调查研究小组。

购买飞机的调查研究小组在香港各大飞机制造商驻香港的办事处索取了商业信息和技术资料,经研究一番之后,从产品的性价比考虑,觉得购买意大利马基公司的产品比较合适。

第一次世界大战后期,美国、英国、德国、法国已制造出战机参加实战。一战后飞机制造业在工业化的欧美强国迅速兴起和发展,意大利也不甘落后。

在意大利，法西斯鼻祖墨索里尼在大资产阶级和右派军人的支持下，成立"黑衫军"，打着恢复罗马帝国荣光的口号，煽动法西斯暴力运动。1922年发动政变取得政权，走上了军国主义道路。这个政权对内打击进步力量，对外扩张侵略，派兵入侵北非利比亚、埃塞俄比亚。为了扩军备战，发展军火工业，他们在意大利北部阿尔卑斯山南麓与瑞士接壤的边陲小城瓦热斯（Varese）建起军用飞机制造厂马基公司（Aer Macchi），其产品除了武装本国，还有部分投放国际市场。

马基公司生产的某款战斗机

当时广东政府和意大利马基公司经过洽谈在广州签订了购买马基公司生产的军用飞机的意向书，由中方派贸易团去意大利先参观军机生产厂，然后签订购买军机合约。

陈济棠和陈维周商量后，决定委任罗明燏为贸易团长。按照当时的国际惯例，军火购买贸易团负责人都有军衔，陈济棠便聘罗明燏为空军顾问，授少将军衔。这是罗明燏一生唯一获得的军衔。贸易团成员还有副团长陆怀德少校参谋、飞行官周云勇上尉、财务科长冯亮、副官施小刚和翻译员陈广生。罗明燏少将全权负责购买军机业务。

他们开具了政府公函，办好出国护照和入境意大利的签证，每人都置备好西装、领带、皮鞋，有军职者另备好需在正式场合穿戴的军装。贸易团一行人在广州西堤码头乘船去香港，出行人和送行人互相挥手告别。四个小时后轮船到了香港维多利亚港，贸易团成员换乘意大利远洋邮轮干德罗素号赴意大利。邮轮起航向南，驶过南中国海到新加坡，停几个小时上落客货后继续开航，穿过马六甲海峡进入印度洋，在斯里兰卡的科隆坡港稍停后继续向西航行，从亚丁湾吉布提进入红海，穿越苏伊士运河进入地中海。

漫长的航行，他们默默听着轮机单调的噪音，从侧舷窗看到海鸥随船飞翔。停泊港口时，有时走上甲板瞭望港口码头沿岸风光和异国民众的穿戴和活动。偶尔，他们也在船舱中打打扑克或下象棋以消遣时光。

罗明燏不时在沉思，这次购买飞机身负重任，感到压力不轻。临出发前一天，陈济棠和他单独谈话："明燏弟，这次购买军机的重任委托你不托我的堂弟——军需处处长陈仕南，我更信任你能办好此事。如果生意如'意向书'议定的一样，你不必请示，照办电告即可，如有变化，要来电请示商量。这次购买20架军机费用不菲，你必须谨慎，不能大意，务须货真价实，拜托。"即使躺在船舱的床上，他也会想起长官的嘱托，"要带好团队，凭智慧工作，遵守纪律，圆满完成任务。"

邮轮在地中海往西航行，绕过意大利半岛南端和西西里岛再往北行，终于到达意大利西北的港口城市热那亚（Genoa），这是个造船工业的重镇。

贸易团成员凭护照和签证，在海关顺利通关入境。他们离开港口码头，无意在热那亚城逗留或游览，乘火车直奔米兰（Milan），两个多小时就到达米兰。米兰位于意大利北方的波河平原，工业以轻纺、机械、电器、汽车、船舶配件等制造业为主，还是农产品集散地、商贸发达的工商业重镇。米兰、都灵（Turin）、热那亚三个城市构成的三角地区是意大利工业制造最重要的基地。

罗明燏一行人下了火车走出车站，在服务台买了一张米兰市交通图，在广场看看路标，乘车顺利住进凯撒大酒店，六人分住在二楼的三个小客房，罗明燏和副官小施同住一个房间。入住后，团队开会商议好工作日程。罗明燏宣布工作纪律：工作或游览要集体外出，行动要听指挥；要遵守意大利的法律和尊重当地的风俗习惯；个人离店外出要报告，免生意外。大家都表示清楚并承诺做到。罗明燏偕副官到大堂服务台发一封电报回告广东政府已平安到达意大利，继而用英语打电话给马基公司，告知贸易团已到米兰，住在凯撒大酒店，请派员来接洽。马基公司表示欢迎并约好第二天派员到酒店会面。

次日早晨，贸易团成员坐在大堂沙发，有军衔的四个人都穿上戎装，校级以上军衣面料是黄色毛呢，校级以下军衣面料是黄色卡基布，上衣有显示军阶的肩章，头戴大盖军帽；两名文职人员都西装革履，打着领带。

早上九点整，一个中年男子和一个年轻女士拎着公文包走进酒店大堂，贸易团全体起立迎上去。

"各位早安！"年轻女士自我介绍："我是马基公司公关部秘书，名叫索菲。"接着介绍，"他叫保罗，是销售部经理。"她向中方人员递过名片，大家依次握手。中方的陆参谋向意方做介绍："他是贸易团团长罗明燏少将，我名陆怀德，少校参谋，贸易团副团长。"翻译员小陈用意大利语翻译一遍。"欢迎！我们是否到酒店的咖啡厅坐坐？"索菲说。"很好，我们可以边喝咖啡边聊几句。"罗明燏说。

大家在咖啡厅坐下，索菲招呼侍应生给每人斟了一杯咖啡，双方都向对方展示有关的业务文书。索菲面向罗团长说："罗将军长途的旅程疲劳吗？""还好，就是一时还未适应过来，也不妨碍工作。"罗明燏用英语答道。"不要紧，那是正常的，一两天就会恢复。"索菲说。大家点头同意。他们双方约定第二日到马基公司总部大楼开碰头会，早上九点整派车来接。

翌晨，索菲来酒店，带贸易团乘坐公司的巴士去马基公司。车行十多分钟就到达公司总部大楼。马基公司大厦是现代化的建筑物，约二十层高，坐落在米兰有宽阔马路的商业写字楼区。大厦前有宽阔的庭院、鲜花和草坪，草坪四

瓦热斯城风光（1）

周边缘种植灌木,既美观又气派。

索菲领中方贸易团走进大楼乘电梯上二楼会议室,室内摆放着一张长会议桌,桌子每边摆放六张靠背椅。索菲安排中方人员就座桌的一边,这时意方人员也进入会议室就座长桌的另一边,双方开始洽谈。索菲站着用英语大方地给来客介绍意方与会人员的名字、职务并做自我介绍。

"这是马基公司总裁安东尼先生。"安东尼起立向中方人员点头,然后坐下;索菲然后依次介绍了高级工程师迈戈尔、飞机试飞员马克、销售经理保罗以及翻译艾莉丝小姐。艾莉丝是个身材高挑、金发碧眼、举止大方的年轻女士。索菲介绍说,她懂英文、德文、意大利文、中文四国语言。中方人员都用赞赏的目光打量着她。

中方的陆参谋依次介绍中方贸易团人员、职衔。被介绍者依次起立,礼貌向意方人员点头,然后坐下。索菲递给中方一叠公司文件和资料,中方的施副官也把广东政府公函和在广州签订的购买军机意向书递给索菲,双方人员传阅。

接着索菲宣布洽谈会议的议程,首先由安东尼总裁发言,致欢迎词。他用较生硬的英语说:"女士们,先生们,我代表马基公司欢迎中国广东政府由罗将军率领的贸易团光临本公司。中国和古罗马帝国都有悠久的历史和辉煌的文化,现在双方洽谈买卖军用飞机业务,我们热烈欢迎!"

艾莉丝用中文准确地翻译一遍,她的发音准确、清朗、悦耳。

罗明燨不慌不忙地致答词,先用中文后用英文说:"我和我的贸易团代表广东政府来意大利洽谈购买军用飞机,感谢贵公司热情接待。中国和古罗马帝国之间经由丝绸之路在商业、文化、艺术领域早就有交流,如今两国都在复兴和发展,我希望这宗生意圆满成功!"

双方成员发言讨论,有询问的、有作答的。会议小休时,大家离开会议室在大堂走走,安东尼特意走近罗明燨寒暄,艾丽丝跟随翻译。她好奇地打量罗明燨,这位穿戎装的中国军人,中等身材,温文尔雅,戴副眼镜,不像五大三粗扛枪带兵、行伍出身的职业军人。兴许他是个技术官吧,她如是猜想。她听介绍知道罗明燨毕业于美国麻省理工学院,获双硕士学位,任少将军职,年轻有为,不免心生敬意。

小休后,大家回到会议室继续开会。中方提出预想的工作日程,请意方考虑。双方协调后取得共识,中方人员次日去飞机生产厂参观考察,第三天来公司大楼洽谈生意。

会议结束,索菲领贸易团成员去公司职工餐室就餐。提供给顾客的免费食物有披萨、三明治、汉堡包、通心粉、意式面包、沙拉、葡萄汁、橙汁、柠檬汁、酸奶等。

翌日早晨,马基公司的专用巴士按时来到酒店,索菲和保罗领贸易团成员乘巴士去参观飞机生产厂。车行约二十分钟出了城区,再过一个多小时到了瓦热斯小镇,飞机厂就坐落在镇郊。巴士到达工厂,停泊在大门侧边的停车场。大家下车随保罗先生走到厂门口接待室稍歇息。保罗和门卫接洽,填写入厂登记单子。这时走来两位头戴安全帽的先生,一位是高级工程师彼得,另一位是安全员大卫。保罗和他俩认识,保罗、大卫、彼得引领考察参观团成员进入一个小会议室,保罗用英语对双方做介绍,坐定后,彼得先生致欢迎中国贸易团来厂参观考察之类的欢迎辞,接着安全员大卫讲解参观者要注意和遵守的事项。他用生硬的英语讲:"第一,要时刻注意安全,进入车间前要更换上工装,戴上安全帽,进入车间要听指挥,不能随处乱走。第二,装配完成的飞机,必先征得同意才能登机入舱察看。第三,不能随便触摸机台、电闸、电器。第四,正在装配作业的生产线可以远看,不能走近影响生产作业,不要随便和车间人员交谈。有问题可问彼得工程师,若问题较复杂,回会议室后解答或讨论。"随后参观团去更衣室换上"工装",戴上安全帽随彼得进入车间。

瓦热斯城风光(2)

飞机总装配车间的净空很高，呈长廊状，摆放着一架正在装配的飞机。熟练的技工们手握工具站着或跪蹲在能升降的工作平台上对机身和机翼进行作业。车间内有一台大功率可驱动行驶的吊车。

参观时罗明燏看得特别仔细，不时发问，彼得随即作答。中年的彼得是工厂生产管理经理，高级工程师。他原来是学电机工程的工程师，后来去英国伦敦帝国理工学院进修航空工程，回厂后任职管理飞机装配生产。当彼得知道罗明燏的毕业于麻省理工学院、就读过帝国理工学院研究飞机结构后，在回答罗明燏提出的问题时都一丝不苟、不敢马虎。在征得同意后，罗明燏和飞行官周云勇分别登上装配好的军机，坐在驾驶座上细细察看各种仪表，扳一下驾驶操纵杆，看看开机枪和开炮的按钮等。

观察飞机时罗明燏特别留意安装在机翼上带桨叶的内燃机引擎（在那个年代还未有喷气涡轮发动机）。在参观前，罗明燏已仔细阅读过产品说明书，对其主要技术性能指标已默记在心。参观时罗明燏询问了飞机的载荷、升力、升空高度、航速、耗油等参数和性能，彼得也有问必答。

从装配车间出来后，彼得带他们到成品仓库浏览了一下，库内的成品军机排成两行，数一下有30多架。

参观毕，彼得带他们回小会议室休息。彼得问参观者："感觉怎样？有何问题或意见？"罗明燏在美国留学时曾在波音公司的生产厂实习和见习过，比较后，他觉得意大利的生产厂比美国的规模小一些，在生产工艺流程、生产设备上则大致相同。

罗明燏回答彼得："很好，多谢你带我们参观。对贵厂的管理水平、技术水平感觉良好，对产品质量有信心。按贵厂的产能能保障按合同要求和限定的时间供货吗？"

"这个问题问得好，我估计没问题，但生意的事公司总裁说了才算数，他才有权确切答复。"彼得回答道。罗明燏请保罗和彼得转告马基公司负责人，次日中国贸易团到米兰的公司大楼正式洽谈购买军机具体事宜。

第二天马基公司的巴士来酒店接贸易团到公司大楼洽谈军机买卖。在洽谈会上双方出席的人员如上次碰头会时一样，公关小姐索菲宣布开会。

洽谈会上，马基公司总裁安东尼先发言："昨日参观工厂，你们感觉怎样？

今日就能洽谈买卖？"

罗明燏答道："很好，接待很热情。现在就按议程洽谈吧。"

销售经理保罗说："由于制造飞机的铝材涨价、公司员工薪资提升，造成产品的成本上涨了，所以产品的销售价只好在原来意向书的价位上提高百分之五。"中方人员据理力争，力图按意向书原价购买，一番讨价还价；意方仍不让步，坚持提价。这个报价，中方感到意外，难以接受，双方僵持。保罗用意大利语轻声和安东尼嘀咕了一下，然后用英语对中方人员说若按意向书数量购买，必须提价百分之五，如果多购买20架以上可以不提价。

罗明燏望了陆参谋和冯科长一眼，轻声商量了一下，然后用英语说："由于价格的变动，我无法立即作答，容我请示广东政府，我的上司才能决定。当得到指示后会立即通告你们继续洽谈。"意方表示同意。当日的会议有点不欢而散。

回酒店后罗明燏拟一封电报稿汇报和意方洽谈的情况，并盼电复指示，电报由陆参谋到大堂发回广东政府。罗明燏整理意方给他的资料时，发现有一张对方用作赠礼的汇丰银行三千元支票，他先是一怔，默默沉思，这不是意方想贿赂我吗？他思考了一下如何对付。

次日是星期日，大家都想游览米兰，打算去游乐园玩，然后去中餐馆打打牙祭。罗明燏和陈广生持米兰交通图到服务台咨询服务小姐凯蒂，弄明白交通路线。他们乘地铁顺利到达了达芬奇游乐园，在园外已看到园内垂直竖起的大圆盘，那是摩天轮，足有十层楼高。当年国内尚未有这玩意儿，他们购买门票进园，好奇地乘坐一回。大圆盘周边有很多排座椅，每排二人乘坐；巨大的轮圈垂直旋转一周要半小时，转速慢，很安全，当座椅旋转至圈顶时，可以俯瞰整个游乐园的景点分布。

园内游乐项目不少，有惊险的疯狂过山车，刺激的人工激流冲浪，溜旱冰等。园内有一个大湖，微风吹来，碧波荡漾，湖岸遍植垂柳，湖心有小亭，小岛有微微泛红的水杉树。他们租了艘小艇荡起船桨游湖，回望湖岸草坪，一群群水禽在闲步。游客三五成群，熙熙攘攘，人与禽鸟互不惊扰。湖中浮游着高昂长颈的黑、白天鹅，红掌划清波。和煦的天气，祥和快乐的人群，美丽的园景，游园让他们在疲劳的旅程、紧张的工作之后心情放松，心旷神怡。这湖景之美堪比杭州西湖，但湖水面积就远不及了。回酒店后罗明燏拆阅广东政府来电：

"明燏：知军机报价提高，若无法按意向书原价、原数量交易，我意下不提价增购20架，你酌办。伯南。（编者注：陈济棠表字伯南）"

当晚在罗明燏的房间开会，他给大家传阅了电报，问大家清楚吗？众答清楚。他交代明日再洽谈时由他和意方对话，这之后罗明燏问大家这几天外出游览有何观感。

"今日游园玩够了，公园美，感觉好。"陈翻译说。"我乘巴士眺望，不时见广场街头巷角到处张挂墨索里尼画像，有时见到一队队穿着黑衣扛着步枪或徒手行进的队伍，领头者举着墨索里尼的画像。"施副官说，"我还见过一个队伍押着几个人游街，边行边呼口号，这是为什么？"陈翻译问。

罗明燏解释："这是政治问题，意大利自从墨索里尼执政，大搞个人崇拜、个人迷信，蛊惑青年煽起狂热的暴力活动，对内打击、迫害进步力量，抓人游街是典型例子。他以恢复罗马帝国荣光为口号，搞法西斯军国主义，对外派兵入侵北非利比亚、埃塞俄比亚。德国纳粹头子希特勒更疯狂，迫害共产党，杀害犹太人，全世界正面临战争灾难。日本不断入侵、蚕食中国领土，中国人民必须奋起抗日才能救亡图存。……日后墨索里尼必被钉在耻辱柱上受人民无情的审判，意大利人民将付出惨重的代价，蒙受战争深重的灾难。这是我的见解。""我们来做买卖，他国政治只宜看，不宜公开评论，免招麻烦。"他补充说。

翌日贸易团去马基公司大楼开会洽谈。会前罗明燏请销售经理保罗和翻译员艾莉丝小姐到另一个小会议室，对保罗用英语说："谢谢贵公司好意，我是广东政府派出的公务员，秉公办事，不能接受馈赠。"接着把三千元支票退还给保罗说："倘若贵公司不喜欢我作为贸易团长，你们可以电告广东政府撤换我，请另派员来，我随时准备辞职。"

艾莉丝把罗明燏的话用意大利语对彼得复述一遍。保罗有点不好意思说："这点小礼不成敬意，生意场上常有的事，我向总裁汇报。"艾莉丝以敬佩的目光望了罗明燏一眼，只见罗明燏面带微笑，坦然自若。保罗回会议室和安东尼耳语了几句。

在会议室，买卖双方在洽谈桌上面对面又做一轮讨价还价，意方仍坚持多购买20架才可以按意向书的原价售卖。罗明燏表示为慎重起见，这宗大买卖容他再请示广东政府，得到复电指示后，拟后天再来洽谈和签约。回酒店后他再发一封电报请示。

收到复电后次日，召开了第三轮洽谈会。中方按广东政府陈总司令的复电指示，同意按意向书原价购买40架军机。意方同意出售，并同意中方派30名飞行员来意大利接受驾驶培训。意方派一名飞行员教官赴华培训飞行员，兼派一名机械师赴华指导对飞机保养维修。签约后即汇百分之六十货款给马基公司，余下数目待培训结束付清。

买卖合同由马基公司总裁安东尼和广东政府贸易团团长罗明燏签字。公司请律师为这笔生意签署法律文件，买卖做成，汇款一到，飞机马上装船启运。这笔生意对马基公司是个大买卖，对广东政府是个大手笔。

当天中午在马基公司的大餐室举行鸡尾酒会，招待中方贸易团，亦有媒体记者到现场采访拍照。安东尼举杯庆祝生意圆满成交，他和罗明燏互祝健康快乐，事业发达。贸易团回酒店后，即发电报告广东政府已签约，买卖做成，准备乘船回国。他们在大堂服务处订好从威尼斯乘船归国的船票和从米兰到威尼斯的火车票。

生意顺利谈成，次日贸易团一行人乘车去听音乐会放松一下。去欣赏音乐或看歌剧的人都穿戴庄重、整齐。到达帕格尼尼音乐厅，音乐厅内不算宽大，里面是阶梯或呈扇形展开的梯级座椅。音响是按剧院声学设计，罗明燏在麻省理工学院读土木工程时见习过不少剧院和音乐厅。这又是一次见习，广州还未有高级的音乐厅，或许以后有机会设计哩。

演出开始，小提琴独奏。首先由穿黑色燕尾服的约翰先生持琴演奏，独奏帕格尼尼作的奏鸣曲（Sonata），弓弦巧运，提琴发出优美乐声，旋律动听悠扬。第二首是帕格尼尼作的小提琴曲"钟（La Campanella）"，这是高演奏难度的曲子，音乐之美沁人心弦，演奏者奏毕鞠躬谢众，台下顿时报以热烈掌声。

接着演唱歌曲，歌唱家独唱《我的太阳》。他引吭高歌："……O SOLO MIO……"高亢歌声感人肺腑，使人陶醉。当演唱《重归苏连托（Come back to Sorrento）》，就像他远离家乡重返那不勒斯城郊美丽的海湾小镇苏连托，声情并茂。唱毕,听众报以雷鸣般的掌声。

次日晨他们收拾好行李,财务科长冯亮付费结账。他们每人的行李都增加了一些,或买了价廉物美的意大利时尚小拎包,或淘到了镶彩色宝石坠的项链回国送亲人,或选购了名牌西服、皮鞋以自用。

离店后乘地铁到火车站,换乘火车去威尼斯,300多公里的行程不算太远,火车一直向东行驶。他们凭窗眺望,在阿尔卑斯山南麓肥沃的土地上,水渠纵横灌溉便利,种植业、畜牧业均发达。村落和乡镇密集,火车时而驰过开阔的平原,那里长着绿油油的庄稼;时而开过丘陵小山岗,那里遍植果木兼有葡萄园。中国只有长江三角洲或珠江三角洲可与之相比。

中午时分在火车上用餐,罗明燏要了一片披萨,一小块火腿,一杯石榴汁,足以果腹,且价格便宜。车行四个多小时到达威尼斯。下车出站,停驻广场,见一大群野鸽、海鸥在广场觅食。前面的景观是大片古色古香的建筑物,临河而建。河道交错成网,河上有跨河拱桥,河道中的船艇在穿梭游弋。威尼斯真是名不虚传的美丽水城,他们异口同声赞美:"美哉!威尼斯!"

他们入住车站旁的威尼斯酒店,放置好行李后,不顾舟车劳顿,马上乘坐小船观赏威尼斯美景。他们乘坐的木船是威尼斯特有的,用木头经传统方法手工打造,船头船尾高翘,船身狭窄平底,船的前进不用机器,就靠船夫摇桨。乘客多是外地游客,他们乘小船穿越无数纵横交错的河道,这些河道犹如城市的马路和街道,人流物流很大程度依靠船只运输,临河而建的房子好像浮在水面。建筑物全靠插入水下泥浆深处至坚硬的地层的木桩支撑。古建筑群已有几百年历史,仍完好,没有安全问题,但也有学者说建筑物正在缓慢下沉。罗明燏是学土木工程的,自然也引起他对古建筑群的思考,但过境匆匆,无暇专门研究,孰是孰非,让他人论证。

翌日他们继续游览了市政厅大楼和雄伟的圆穹窿顶的大教堂,登岸漫步广场,风和日丽,游人如织。游客向空中抛撒面包碎屑,引来群鸥觅食,广场遍地都是觅食的野鸽和海鸥,一派祥和升平的景象。他们伫立良久,往港外远眺,太阳的光辉映红海水,波光粼粼,海景之美,使人陶醉,流连忘返。

次日他们结账离店,各自携好行李从港口码头登上达芬奇远洋轮,踏上归途。看着码头的送客与船上的乘客互相挥手告别,小施激动地挥手呼喊:"再见了意大利,威尼斯,再见朋友,你使我难忘!"

巨轮鸣着低沉的汽笛,缓缓离岸。回望威尼斯城,在视野中渐渐变小,随着巨轮远去直至消失,随后只见天水相连。巨轮驶出威尼斯湾,穿越阿德里亚海(Adriatic Sea)进入地中海,东行穿越苏伊士运河、红海、亚丁湾,进入印度洋,在印度半岛西岸孟买停靠半天上落客货,补充给养。经许多昼夜的航行,邮轮穿越马六甲海峡,进入中国南海,终于到达终点站香港,停泊在维多利亚港。他们带好行李登岸,乘渡轮过九龙尖沙咀,再搭乘火车过深圳北行回广州。

休息一天后,赴意大利购买飞机的贸易团向省政府陈济棠汇报,在听完罗明燏述职后,陈济棠表扬了罗明燏。这次军购为广东增加40架战机,后来共拥有130架,为抗日积蓄了军力。陈济棠把空军编成三个大队,由司令黄光锐统率,与南京的蒋介石分庭抗礼。1936年6月,陈济棠趁蒋介石在西安部署进攻长征到达陕北的红军之机,联合广西李宗仁、白崇禧联兵反对蒋介石。老谋深算的蒋介石早就令戴笠收买和策反陈济棠手下握有重兵的余汉谋和空军司令黄光锐,给陈济棠来了个釜底抽薪。很多战机北飞南昌投靠蒋介石。"两广事变"历经40余日遂告失败,陈济棠被迫通电下野避居香港,真是应了"机不可失"。

任教西北联合大学

辞去公职，重执教鞭

1936年6月，主政广东的陈济棠联合广西的李宗仁、白崇禧发动了反对蒋介石的"两广事变"。"两广事变"后陈济棠下野，离开政坛，去香港当"寓公"。广东军政事务由陈济棠手下、叛陈投蒋的粤第一军军长余汉谋主持。受陈济棠器重的罗明燏主动辞去省府技正等行政职务，重执教鞭，任教于校址在广州河南石榴岗的广东省立勷勤大学。

平定"两广事变"后，蒋介石飞临广州，住进黄埔军校，这是他发迹起家之地。蒋介石为稳定南方政局，召见原来广东政界以余汉谋为首的官僚，只要拥护，职奉照旧，并对他们慰勉一番。蒋介石训嘱"广东帮"一定要忠诚于他，因为彼时蒋介石正忙于命令和指挥张学良的东北军和杨虎城的西北军"围剿"到达陕北的红军。

蒋介石知道，罗明燏是个难得的工程和科技人才。于是他派秘书陈布雷找到罗明燏并与之恳谈，转达自己的留用之意。"蒋委员长很赏识你的才干，你只要不反对蒋委员长，可以留任原职，职衔、待遇照旧，还有机会升职。……"罗明燏辞职前身兼几职，大学教授、省府总技正、少将军衔的空军顾问。航空属高科技，空军的官阶比同级的陆军高两级。罗明燏欠身说："多谢委员长好意，亦多谢陈大秘书关照传言。我坦诚相告，我是个教书匠，留学美国掌握了一些现代的工程和科技，旨在服务桑梓，服务中国。我不过问政治，个人淡泊名利，无意官场，我已辞去所有职务，回归教书。我意已决，不复往矣，祈委座原谅。"陈布雷无奈，回去照原话禀告蒋介石。蒋介石顿足，连声说"可惜、可惜"，亦没有为难他。

正当罗明燏开始在广东省立勷勤大学任教时，广东绥靖公署主任余汉谋又找上门来。原来蒋介石曾拨款白银250万两，欲在广东、江西、湖南、福建四省边界修筑国防公路，加强战备，抵御日寇。这段路也叫"翁—连—新"（翁源、连平、新丰）公路，因国民政府贪污、腐败、挥霍之风盛行，这段路的拨款已花了不少但公路却未有眉目。余汉谋无法向南京政府交代，急于寻找能堪当此重任的人来负责此项国防工程的规划与设计，厚着脸皮寻求罗明燏的帮助，希望罗明燏能接手完成。罗明燏对余汉谋的上门不冷不热、不情不愿，但听到是为抗日筑路时，二话不说就应允了下来。他在工地上风餐露宿，经过认真勘察，精密设计，精心施工，数月内与民工一同吃住，完成了修筑公路的任务，并节省白银60万两。公路铺设在山区中，架有40余座桥梁，罗明燏采用钢架结构，可以通行坦克。后来由于蒋介石抗日不力，日寇入侵，公路与桥梁也落入日寇之手，令罗明燏十分失望。

赴西北联大任教

1936年12月12日，在西安发生了震惊中外的"西安事变"，迫使蒋介石放弃内战，团结抗日。1937年7月7日，日军在北平卢沟桥发起事变，中国展开了全面性抗战。战局发展很快，积贫积弱的中国军队的装备和训练都不如日军。正面交战失利，不久，华北的平津，华东的上海、南京相继失陷。

全面抗日时期，由北京大学、清华大学、南开大学联合组成的国立西南联合大学（西南联大）在中国近代教育史上赫赫有名。此时，北平大学、北洋工学院、北平师范大学等迁往西安，联合组成国立西安临时大学。太原失陷以后，西安临时大学又迁往陕西南部汉中市，1938年3月，西安临时大学改称国立西北联合大学（西北联大）。1939年8月，国立西北联合大学分为国立西北大学、国立西北工学院、国立西北农学院、国立西北医学院、国立西北师范学

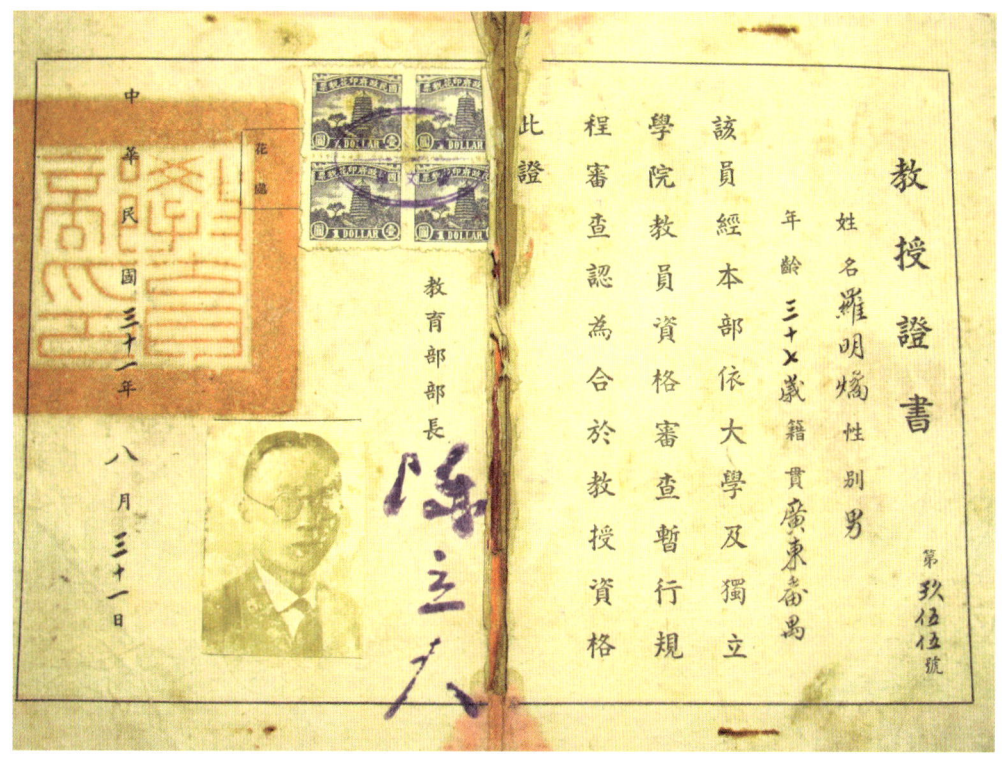

1942年,罗明燏受聘为教授

院五所院校。其中,北洋工学院与北平大学工学院、东北大学工学院和私立焦作工学院合组国立西北工学院,校址设在陕西省城固县。1944年,李书田在西安筹建了北洋工学院西京分院。1945年8月,抗战胜利,天津收复。1946年,教育部正式下令恢复国立北洋大学,着力在天津西沽北洋大学原址复校。此后,国立北洋工学院(泰顺)、北洋工学院西京分院、西北工学院和北洋大学北平部四校师生返回天津,恢复国立北洋大学,1946年10月22日,北洋大学正式复校开学,茅以升任校长。

虽然西北联大的影响力未及西南联大,但它仍是当时中国最优秀的教育资源之一。后人多陌生于该校校址,其校本部坐落在陕西省南部汉中盆地的城固,相邻于汉中和南郑。读过《三国演义》的人就知道汉中和南郑,靠"五斗米道"起家的豪强张鲁就盘踞在此。

全面抗战之后,日军疯狂进攻,学校纷纷内迁。1937年11月,受西安临时大学校委李书田之邀,有感于中国航空工业几近空白,航空人才极为稀缺,日本军机狂轰滥炸让中国人民惨遭伤害,本着教书育人、教育强国的理念,罗明燏赴西安时称西安临时大学的北洋大学任教，开始重执教鞭。

1938年3月，西北联大校长李书田任命罗明燏为航空工程系主任，主要讲授空气动力学、理论飞行力学、飞机结构、螺旋桨设计、飞机设计和航空仪表等课程。因师资力量极度匮乏，为了培养人才，罗明燏几乎是哪门课缺老师就任哪门课的教师。白天授课，晚上罗明燏还要编写讲义和教材，常常工作至深夜甚至凌晨。

当年一群有志于教育救国、为抗战育人的学者、仁人志士，迁离北平、天津、上海或穗、港等大城市，甘愿到偏僻的内地、生活较艰苦的城固履行自己的教育职责。也有一大批青年学生跟随求学，日后成为各行业的骨干、领军人物。例如当年西北联大航空工程系的毕业生中，后来有不少人成了北京航空学院的骨干力量。

恋爱结婚成家

西北联大有一位年轻女教师姓苏名琬华，她随北平师范大学内迁到城固，在大学任训导员。苏琬华老师出生于历史名城河南省开封市一个富有家庭，父母辈有田产，思想不保守，是当地的开明士绅。苏琬华老师从小聪明，喜欢读书，学习成绩优秀。她考入并就读北平师范大学，攻读历史和社会学，师从著名的历史学家范文澜先生。踏入社会后，她接受新思想，是"五四运动"后的新女性。

抗战时期，为躲避日寇，高校纷纷迁至交通不便的偏僻山区或穷乡，给学校的师生带来诸多不便。社会经济遭受战祸的重创，政府的财政、抗战队伍的补给、学校的经费都很困难。师生员工的生活很艰苦，教师薪水低廉，有时还拖欠。大家一想到这是抗战非常时期，有多大的困难都勇于、乐于克服，无怨无悔。师生员工的关系都团结友好。

罗明燏教授早年留学美国麻省理工学院，拥有航空、土木工程双硕士学位，回国后任教勷勤大学，设计和建设了许多工程。他拥有不凡的学历和丰富的工作经验，是西北联大不可多得的专家学者，很受大家敬重。

三十出头的罗明燏教授戴副眼镜，风度翩翩，是十足的青年才俊。除了正式场合或工作社交之需才西装革履、打领带，平日穿整洁布衫，他赢得了不少女士的青睐和仰慕。而罗明燏教授蒙童时受儒家传统教育，在男女交谊上保持严谨，平日专注于科技、学术和教书育人。

苏琬华老师未和罗明燏教授交往前已知晓罗明燏教授是个青年才俊，很钦佩他的才华。那年春节，学校主办团拜茶话会，校长、教育部驻校官员致新年贺词和问候，草拟了全体师生致抗日将士的慰问信。之后是自由活动（有点像鸡尾酒会）。

苏老师端起一杯茶，走到罗教授前，大方自我介绍，"我是学校的训导员。"

"啊，幸会，很高兴认识你。"罗教授答道。

"罗教授，你来自南方都市，舍弃舒适生活，来这穷困的内地教学和工作，值得我敬佩。"

"我的家乡广州已经沦陷。我是中国人，不会替日本人做事的，还有一个可供选择，或许我可以去香港或澳门混生活，但是我更愿意把所学服务于此刻处于水深火热之中的家国，教书育人，服务抗战，哪怕再艰苦也在所不惜。天下兴亡，匹夫有责。"罗教授说。

"敬佩！那我们是志同道合了。"苏老师说。

罗教授面对这位身材高挑、面容俊俏、落落大方、充满青春活力的妙龄女郎，有一种难以言喻的奇妙感觉。虽然谈不上一见钟情之浪漫，但从此他俩就认识并来往了，这大概就是常言道的缘分。《诗经》曰："窈窕淑女，君子好逑。"他俩经常在校园散步谈心，一来二往，爱情的火花已在心中燎燃，双双坠入爱河。他俩谈心的内容包括相互讲讲家世、童年趣事、个人的经历、人生的理想，更多的是苏老师兴致勃勃地问罗教授在美国留学时的经历和生活。

其实大凡留洋有志学工程、科技的学子多怀着学成践行报国之心的宏愿，学习生活都很刻苦。教室、实验室、图书馆、工程施工实习耗去他们大部分时间，偶尔参加派对或去唐人街茶叙约饭局都是难得的事，远不像风流才子徐志摩在留学英国或其文学生涯中的那么浪漫多彩。

大约一年后，罗教授和苏老师的关系水到渠成，该到谈婚论嫁了。按传统，他俩都分别写信告知父母，并征求意见。那时书信传递十分不易，中国境内有国统区、沦陷区，一封信辗转数月才能寄达。烽火连天，家书抵万金，双方父母都很高兴。自由恋爱符合潮流和时代，知书达理又门当户对，双方长辈都向后辈祝福。苏家还想办法托转些家底积蓄支持这个将建立的新家庭。

1944年2月24日，罗教授和苏老师结婚。在抗战的艰苦岁月，办事从简节俭。他们借用系办公室摆"茶会"，备了茶水、糖果和点心，贴出海报邀请师生来聚。校长、校务办、训导处的干部，各系的教师，航空系、土木系的同学都来祝贺。他们借来一部老式留声机和一些黑胶片唱片播放轻音乐，增加愉快的气氛。诸多师生员工参加茶会，祝福一对璧人佳偶天成、幸福快乐！茶会简朴但不冷清，办得圆满。罗教授夫妇成了校园令人羡慕的伉俪。

他俩还邀请了几个好友同事在城固饭庄小酌。西北流行的美食是牛羊肉，最讲究的是烤全羊。他们随俗，每人一份羊肉泡馍，菜肴包括一盘红烧羊肉、生姜炒羊杂、牛肉冷片、清蒸汉水鳜鱼和时令蔬菜，要了陕西西凤酒、山西汾酒、贵州茅台各一瓶，不善饮酒的罗教授也破例奉陪接受好友、同事的祝福，杯盏一饮而尽，大家都干杯祝福新婚伉俪美满幸福。

罗明燏的结婚证书

西北工学院时期的考察工作

1943年3月,罗教授在西北工学院(1939年8月,西北联大分立西北工学院等5校)任教时,受教育部之邀,参加了教育部组织的"蒙疆科学考察团",考察由内蒙古到新疆一带中国西北地区的生态状况。他们研究了西北地区、黄土高原沙化地区的生态环境及如何才宜草、宜林、宜农、宜牧。他们也踏勘了一些北方沙化区,知道这些地区历史上曾是林草丰茂之地,是历代不断的战火毁坏了自然环境而导致干旱沙化,恶性循环,待和平之日可以修复生态,逐步改善环境,进而开发利用。历朝历代以来,当北方的游牧民族兴起,必然南侵,修筑万里长城就是为了抵御入侵。"但使龙城飞将在,不教胡马度阴山。"西北恶劣生态环境很大原因是战火造成的。

其中最典型的例子是内蒙古的戈壁滩。历史上,许多戈壁滩原是茂密的树林。生态一旦破坏就难以恢复。考察队在戈壁滩露营时,夜晚十分寒冷,但他们常常可以找到千百年前森林大火烧剩的树枝、树干,点起篝火取暖。

考察队最后一站是新疆迪化(今乌鲁木齐)。当时新疆是军阀盛世才的天下。应盛世才之邀,罗明燏先生设计了毛纺厂厂房及高达十四层的民族大厦。罗明燏先生做设计是为了帮助新疆地区的建设,改善民生,而不过问政治。彼时,盛世才投靠苏联,得到斯大林的嘉许。新疆的社会制度也接近苏联,如实行低薪制,许多机构、单位的秘书均由俄罗斯女士担任。盛世才是一投机军阀,也曾亲苏亲共,友待过中国共产党,连他的弟媳妇,还有亲信部下王恩茂都是中共党员(王恩茂解放后长期成为新疆的重要领导人)。中国共产党亦十分重视与新疆方面的交往,派驻不少干部人员援助新疆。1941年苏德战争开始后,盛世才趁苏联无暇东顾之时,他成了一"反骨仔"(叛徒),不但断绝与苏联关系,而且逮捕了140余名共产党员,并杀害了毛泽民、陈潭秋等,将所有驻在新疆的中共干部投入监狱。盛世才后来遭苏联红军骑兵驱赶作鸟兽散。"文化大革命"期间,"四人帮"的"师爷"康生制造出"新疆叛徒案",将当年被盛世才投入监狱的中共干部全部打成"叛徒""反革命",许多老革命因此冤屈至死。这群人中有一对夫妻却机缘巧合地与罗明燏一家有点微妙的关系。

一者他们的大女儿是在新疆的监狱中出生,是真正的"监狱之花",而这位"监狱之花"是罗明燏儿子罗征援在广州华南师范学院附中的同级同学。二者更重要的是他们协助了罗明燏"文化大革命"冤案的平反。若是有人看过电视连续剧《历史转折中的邓小平》便会了解到，拨乱反正是多么困难。罗明燏是周恩来总理签署任命的华南工学院院长。可是直到"四人帮"垮台、"文化大革命"结束后的1979年，对罗明燏的结论仍然未变：现行反革命分子，作人民内部矛盾处理。幸而时任国家科委主任方毅下令为罗明燏平反。而手持"尚方宝剑"确保平反的正是这夫妻二人。以中国传统的观念来看，这二位是罗家的"贵人"，罗家人会永远铭记他们的恩德。

在西北联大任教时，民国政府教育部驻校国民党中委赖琏不止一次找罗明燏先生谈话，劝他加入国民党，若加入国民党，行政职务必获晋升，云云。罗明燏先生答道："当初委员长去广州，差秘书和我谈话，劝我留任广东之行政职务，我都婉谢了，宁当穷教书匠。我一介书生，淡泊名利，依然做一个无党派人士就合适，我凭知识技能服务国家，服务人民和抗日，这是我的本分，于心无愧。"当局无奈，也未再为难他。

出国考察北美航空

1944年第二次世界大战反法西斯战局已胜利在握，在欧洲战场，美英联军成功在法国诺曼底登陆，开辟了对德作战的西线战场；苏联红军已把德军逐出苏联国境，转入战略反攻，向波兰和德国推进。

在东方战场，美国海军在太平洋，经过中途岛、珊瑚海和瓜岛战役，击败了日本海军主力，攻克了菲律宾，正向着琉球群岛以"跳岛战术"攻击前进。

在中国境内的中国军民经历了十三年多艰苦卓绝的抗战，消耗了日寇大量的军力。在中国战场、缅甸战场，中国军队已转入反攻的态势。抗战时期海外的爱国华人也万众一心，出钱、出力支持抗战。东南亚地区数千爱国华侨青年响应号召参加修建滇缅公路，他们没有现代的施工机械设备，就凭锄头、铁锹，肩挑簸箕，手推独轮小车，用铁钎、炸药等简陋工具器材，硬是修筑出一条穿越天险的滇缅公路。富有爱国心的华侨捐款购买医药、医疗用品送回国内支持抗战。

旅居北美的华侨也不甘落后，纷纷解囊捐款支援抗战，其中一项善款是提供给民国政府派遣专业人员考察北美航空事业的专款，为抗战胜利后中国的航空事业建设做准备。罗明燏先生被遴选为考察团成员之一。天下兴亡，匹夫有责。为了抗战胜利后的国家建设，他不图安逸，义不容辞接受了这一任务，承担调研、学习、获取航空科技及管理信息之重责。

肩负这项重任，1944年夏，罗明燏辞去了西北工学院的教职，去重庆履职，并为出国考察做准备。这一去，他与爱人苏琬华就结束了多年的西北工学院教学工作。当时苏琬华老师已有孕在身，若留在陕西城固，分娩时身边将无亲人照顾，所以她也辞职随丈夫去重庆再做打算。罗明燏偕妻子一同去重庆，去探访当时正寓居重庆的老领导、老朋友陈济棠，应邀住入陈济棠家中。

重庆受训履新职

当时有规定：官员干部在出国履职或调任新职之前，必须去重庆接受国民政府中央训练团的训练，政训三个月，及格才能上任。罗明燏先生虽不是国民党党员，也不是军政官员，但也要参加政训。因为受训时间长达数月，罗明燏又受聘为全面抗战时期迁重庆的上海交通大学的教授。该校亦培养出一些杰出人才，例如中国科学院院士庄逢甘便是该校当年的学生。庄逢甘院士是中国计算流体力学（CFD）的权威，曾组织领导发展高超音速飞行器。罗明燏的儿子罗征援也是研究CFD的，曾在若干国际会议上与庄逢甘院士互有交流。

在受训期间，罗明燏每日去指定的地方"学习、受训"。学习内容有孙中山的三民主义、《建国方略》，蒋介石的《中国之命运》等。政训结业时，举行结业典礼，由国民政府教育部部长陈立夫给学员颁发结业证书，并代蒋介石赠予每个学员一柄喻义着"不成功则成仁"的短剑。罗明燏先生对蒋介石的赠剑不感兴趣，幸没有保留，不然"文化大革命"时期若被红卫兵发现定会招来大祸。

政训结束后，罗明燏先生随即办好出国护照，赴美签证，民国政府开具公函，准备好必要的文件资料，置办了一套应付工作需要的服装。

岁暮的山城重庆依然温暖如春，抗战的各个战场依然战火纷飞。在后方重庆，留有少量的中国航空兵和美国陈纳德将军飞虎队的护卫，以免受日寇频繁空袭之虞。国军将领胡琏扼守长江三峡战略要塞，凶悍的日军久攻不下，信心全无，无力进攻重庆。

苏琬华老师深知丈夫此行的危险，但这是为国家办大事，她深明大义地支持丈夫去北美考察，自己则承担养育儿子之重担。在那战火纷飞的岁月，罗明燏先生也无法预知此次北美之行何时才能归家。他俩商议之后，决定让苏琬华老师回家乡河南开封娘家。夫妻俩洒泪而别，苏琬华老师几经辗转，带着襁褓中的婴儿回到娘家。娘家家境宽裕，母子得到很好的照顾。后来，苏琬华老师任教开封城的真光女子中学至1947年。

飞赴印度

北美航空考察组成员有五个，其一是曾任国立西北工学院航空系主任的罗明燏，被任命为考察团领队。其二是国立交通大学重庆总校航空系主任曹鹤荪，其三是国立中央大学（现东南大学）教授张创，其四是国立西南联合大学教授丁履德，其五是西南联合大学（清华大学）航空工程系主任冯桂连。这五人均为航空工程界的翘楚，如曹鹤荪后为国防科技大学副校长，丁履德任山东工学院一级教授、院长，等等。这次赴美考察的旅程有点奇特，他们先搭乘美国军机飞赴印度的加尔各答，然后再搭乘美国军舰离港起航，从南亚印度洋穿过马六甲海峡，越太平洋飞抵美国。

考察组搭乘飞机从陪都沙坪坝机场起飞，乘客还有美国军人和几个国民党军人，飞行约一小时抵达昆明巫家坝机场，上落客及加油后，军机再次起飞，沿着被称为驼峰航线的险途飞行。抗战的中期，中国派往缅甸的远征军作战失利，滇缅印公路被日军截断，日军盘踞在缅甸。美国援华的抗日物资、人员往来就靠这条航线空运。

这是一条险峻的航线，飞机在横断山脉上空和世界屋脊喜马拉雅山的余脉上空飞越，受印度洋气流和高山峻岭阻挡的影响，气象多变，飞行失事时有发生。乘客从机舱侧舷的小窗往下俯瞰，只见下面一片云海，时而云雾缭绕，巍峨起伏的群山之巅覆盖着皑皑白雪，山河壮丽，使人震撼。飞机飞越云南后沿着缅印边境、喜马拉雅山东端之南麓飞行。飞越千山万谷，初次搭乘者未免感到惊心动魄。经两个多小时飞行，军机在印度加尔各答安全着陆。

大家顺着月台舷梯走下机场，早就有军用吉普车等候在机场出口，同乘这趟军机的史密斯中尉一下就认出来接人的约翰上士。"哈啰，约翰！"史密斯边说边伸出手和约翰握手。"这是我的中国朋友，他们要去美国考察。"史密斯指指考察组成员。罗明燏先生上前一步并说："哈啰，约翰先生，谢谢你来机场接我们。"然后，大家上车搭乘约翰驾驶的悍马吉普车，随史密斯回美国驻加尔各答的领事馆，当晚歇宿于领事招待所。

万里重洋历险记

次日傍晚，考察组五个成员各自携带自己的行李上船，这艘船是美国海军7000吨排水量的林肯号驱逐舰，奉命从印度返回本土。考察组成员被安排在一个狭窄的小船舱内，每人有一个不宽的铺位，军舰的官兵也如此，与和平时期的客运邮轮相比，无舒适度可言。在大一点的船舱内，有一个供官兵饮食的餐室和炊食的厨房，考察组也被安排在此进餐。战争时期，有这样的旅行起居条件，他们也心满意足了，岂知此行竟是万里重洋历险。随舰而行的旅客中，除了考察组的五位成员外，还有其他的中国旅客。其一是何柱国将军，因受到日本人陷害致双目失明，准备赴美国医治。何柱国（1897—1985）曾参与北伐、抗日战争，与中国共产党多次合作，是我国的抗日名将。另一位则是大作家万家宝（笔名曹禺）。在漫漫航程中，罗明燏与曹禺成了朋友，经常聊天。有一次，罗明燏调侃道："宝，活宝，万家宝，万家活宝，万家大活宝"，说罢双方哈哈大笑，十分开心。

此时的太平洋战争，美国海军已经击败日本海军主力，取得节节胜利，已攻克新加坡，控制了马六甲海峡的航线。林肯号驱逐舰离开加尔各答，越过印度洋，穿过马六甲海峡，驶入浩瀚的太平洋。这是罗明燏先生第二次浮海横渡太平洋赴美，十二年前那次是负笈乘大邮轮万里求学，而今乘军舰赴美考察航空，且肩负重任。横渡太平洋，却非太平之日，更似万里赴戎机。"长风破浪会有时，直挂云帆济沧海"，是考察组成员心里的感受。

当军舰响起凄厉的警报声时，罗明燏先生忽然感到不安起来。记得在重庆的几个月，也发生过一次钻进防空洞躲空袭的警报。这时舰舱红色的警灯一闪一闪。广播报道："全体官兵立即进入战斗岗位准备战斗。非战斗人员勿惊慌，保持安静，不要上甲板。"

顿时枪炮声大作，如鞭炮齐鸣，更如惊雷震天。一场紧张的生死搏斗激烈展开。有两架日本战机飞临美舰上空扫射和投弹，投在大海中的炸弹爆炸激起高高水柱和水花，军舰的高射炮、机关炮、机枪如吐火舌射向空中，火舌织成密集的火网。警惕的美军在日机仍未飞临之际，舰上的雷达早就侦知，战斗员已各就各位迎战日机。未几，一架战机如飞蛾扑火，被击中起火，拖着长长的浓烟一头栽进大海。另一架也被机枪击伤迅速飞逃,不敢再犯。战斗持续二十多分钟就结束,这可能是一场遭遇战。

当考察组成员在船舱听着阵阵激烈的枪炮声时,提心吊胆,默默祷告上苍,保佑平安,幸而有惊无险,这是毕生难忘的历险。

这场战斗以美胜日败结束,未上过战场的考察组成员总算是有惊无险。但有一奇怪的现象,按常理很难解释。战斗前,军舰行驶如常,风平浪静,忽然间一大群鲨鱼尾随跃进,还时而游近船侧不散开。接着军舰与来犯日机展开激烈战斗,鲨鱼群仍围绕着军舰似在"观战"。

不幸,有一位名叫迈可的中士,是高射机枪手,战斗时他的耳朵被枪炮声震聋了,眼睛也被火光灼伤,视觉模糊,他悲愤难平,竟在战斗结束时,以沙哑嗓音怒吼"Fuck you Japs",难忍身心创巨痛深的他,两手捶胸,急奔船舷,纵身一跃从甲板跳进波涛汹涌的大海。旁边的水兵见状急抢步上前欲阻挡,可惜只慢几秒未能成功。"MY GOD!(我的天啊)"众呼。战斗结束发生自杀的惨剧,也印证了战争的残酷伤及人的心灵。目睹这幕悲剧,考察组成员无不惊叹和哀伤,毕生难忘。

事发后,克林顿舰长立即传令全体官兵集合,列队甲板上为逝者鸣枪致哀,并行军礼致敬。罗明燏先生等5人也肃立甲板,鞠躬致哀。军舰鸣着低沉汽笛致哀,如呜咽不幸。

此后军舰破浪前进,再没有遇到什么麻烦就到达了夏威夷的珍珠港,进港停泊,加油加水,补充食物和必需品。这是军事重地,上岸后不能随处闲逛,只能在指定的招待所歇息。他们在淋浴室痛快地洗了个澡,那是难得的享受。

三年前的1941年12月7日,日本联合舰队司令山本五十六指挥了日本海军航空兵偷袭珍珠港,重创了美国海军和珍珠港基地,使美军舰只损失过半、港口设施被炸毁,损失惨重。如今,亚利桑那号战舰仍沉没在港内,作为警示战争的遗物而存在。如今珍珠港内有两个纪念馆和一个博物馆,一些退役老军人在里面义务解说珍珠港事件。

次日军舰离港继续往东开航,一周后抵达西海岸的圣地亚哥港。

在美考察期间，修读船舶工程

二战时中美两国是共同对日作战的盟国，在反法西斯战争的东方陆地作战，中国是主战场。中国军民以极大的牺牲，消耗和拖住了日军的主力。当时中美两国关系友好，这次考察组受中国政府派遣，美方的接待很热情，有求必应。罗明燏先生20世纪30年代在麻省理工学院求学的同窗好友，如今都成了政府或科研机构的骨干或领军人物。罗明燏先生在北美有很好的人脉，办事比较方便。

考察小组沿着西岸北上，先飞抵旧金山，罗明燏先生顺道访问了加州大学伯克利分校、斯坦福大学，了解学术和科技前沿的新信息。他沿西海岸北上西雅图，访问了波音飞机公司、波音设计院。他的麻省理工学院同学杰克已经任波音设计院的总工程师。他们探讨了飞机的设计理念、依据以及实践经验，罗明燏先生获益匪浅。一行人还参观了风洞和飞机总装配车间，他惊叹企业的规模比起十年前去实习时已大了许多倍，今非昔比。生产技术也有长足进步，无论是军用或民用飞机的生产都很先进，为美国空军提供了大量的各种性能的军用飞机，这为二战打败法西斯德国和日本，也为世界民用航空事业的发展和普及奠定了扎实的物质基础。

考察团还访问了洛克希德、道格拉斯公司，参观了各种民用、军用飞机，大型运输机，民航大飞机，旅行用的小飞机，航母的舰载轰炸机、战斗机等。他们还参观了各地机场，如纽约、芝加哥、波士顿、休斯敦等大型民航机场和一些军用机场。罗明燏先生的这次考察大大增长了他航空方面的知识，为日后设计新中国汕头军用机场等工程打下了扎实基础。

罗明燏先生还拜访了读麻省理工学院时的同窗好友汤姆·佐治先生，此时汤姆·佐治先生已经是航空技术某分科的顶尖专业人员，是航母舰载飞机弹射起飞技术方面的专家。

当罗明燏先生去加拿大访问时，才知道昔日就读麻省理工学院的同学詹姆士先生已就任加拿大的空军司令。詹姆士先生对来访的老同学特别热情，军用、民用机场，设施、飞机的零部件生产厂任由他们参观、学习。此外，他们还专门考察了加拿大军用、民用航空的发展和管理；访问了多伦多、蒙特利尔等城市，受到当地华侨宗亲同乡会的热烈欢迎并在唐人街酒楼共进晚餐。

1945年夏，完成预定考察任务。除曹鹤荪于当年回国返回国立交通大学重庆总校外，罗明燏等其余几人分别进入美国或加拿大各高校继续进修学习。

罗明燏先生一生勤奋好学。他利用停留在美国的难得机会再求学，在密歇根（Michigan）大学修读造船专业一年，学习海洋工程、海洋学、船体结构、船舶设计等课程。这些课程以前未曾修读过，但他毫不畏难，一一攻克通过。罗明燏先生对人谈起船舶的螺旋桨时，他说从理论到实际都大有学问哩，同是内燃机引擎，飞机螺旋桨与船舶螺旋桨大不相同，前者拨动的是空气，后者是水。船舶螺旋桨如设计不当，不但推动船体效率低且容易损坏。

进修期间，罗明燏加入了美国Consolidated Vultee航空公司，担任设计工程师。这家公司又名Convair，现已不存在。但在二战期间，这是一家巨型航空公司，专门生产美国空军十几种类型的战斗机、轰炸机，等等。这期间，有美国空军向罗明燏先生展示一广州军用地图，询问该如何轰炸入侵的日寇。罗明燏立即反对说，这是我的家园，你们不能炸它。后来日本不久就投降了，轰炸广州并未真正实行。

1946年7月，罗明燏先生应邀担任美国国家航空咨询委员会（NACA）研究员，研究飞机稳定性问题。NACA是如今的NASA（美国国家航空航天局）的前身。在NACA工作半年，罗明燏先后完成了六架高速飞机躯壳弹性稳定性的实验，为回国从事航空事业积累了丰富的实践经验，他打算回国报效祖国，与慈母、妻儿团聚。1946年底，罗明燏先生向NACA提出辞职希望回国，但NACA不希望这些精英回国，以美国绿卡和高薪厚职等优渥条件劝他留在美国，但罗明燏心系祖国，毅然婉拒，动身回国，后在广州中山大学任教授。

1945年8月，美军在日本的广岛和长崎投下了原子弹，苏联百万大军出兵东北，配合中国人民的战斗，消灭了盘踞在中国东北的日本关东军。8月15日，日本天皇裕仁以广播《终战诏书》的形式，宣告无条件投降。9月2日，日本政府的代表——外相重光葵在停泊北部湾的"密苏里号"战列舰上签署无条件投降书，二战正式结束。

全世界反法西斯的国家和人民欢庆二战的胜利结束和反法西斯的伟大胜利，在美国的各大城市都举行了庆祝胜利的大游行，庆祝活动持续多日，罗明燏先生和考察组成员也参加游行。心系祖国的他从电台广播得知中国庆祝抗战胜利的活动不亚于美国。

话分两头，罗明燏先生的妻子苏琬华泣别赴美远行的丈夫，带着襁褓中的婴儿辗转回到河南开封。当时她的父母仍健在，家境不错，安心住下，又凭北平师范大学的旧同学推荐，受聘当上真光女子中学的老师，教授语文和历史，该中学有基督教会背景，办学的经费尚可。她参加工作，就请个保姆照顾小儿征援，外公、外婆也帮忙照料，祖孙三代亦享天伦之乐。日子过得很快，过了周岁，小儿蹒跚学步，牙牙学语，很快学会走路，学会讲话。两夫妻远隔万里，难免日夜思念。

1945年8月15日，日本宣告战败投降，开封城如同中国各地一样举行了庆祝抗战胜利的盛大游行和集会，苏琬华老师也积极参加庆祝活动。紧接着，她接到丈夫从美国发来的电报，告知他在美国参加了庆祝二战胜利的大游行和集会，关于他的生活和工作、学习计划将会写信详告。旬日之后她收到丈夫寄来的信，急忙开启信封，以喜悦的心情、颤抖的手捧着信笺阅读。这是自太平洋战争后，刚刚恢复通邮就收到的信。

> 亲爱的琬华贤妻：
>
> 　　一别大半年，我日夜都思念着你和征援儿，在婴儿满月不久，我就身负重任赴美远行，无法尽丈夫和人父的责任，深感内疚。我也时刻思念着祖国，思念着年迈的母亲。我此次赴美考察航空是肩负着国家和人民的重托，自古忠孝两难全。这次考察可谓劳碌奔波，工作学习颇忙，所幸不辱使命，收获颇丰。
>
> 　　美国的科技进步之快，超出我的想象。相比之下，中国长期苦于战火，落后了。待和平之日，我辈定当把平生所学奉献祖国的建设事业和教育事业。
>
> 　　我在完成本职工作之余，已就读密歇根大学船舶工程专业。这机会难得，学习就像啃硬骨头，一点点地啃下去，多学一点就能为祖国多奉献一点。求学必延迟了回国的归期，我知道你担负着养育儿子的责任，还任职中学教书，教书育人我甚赞许和支持，你要注意劳逸结合，莫过于操劳。我在国外无法分担你的辛劳，未尽丈夫和人父之责任，常怀对你歉疚之

心,望多多原谅。如果方便,你和征援儿合照张照片寄给我,以解我对你们之思念。

代问候岳父母大人好!我非常感谢他俩老,待我学业结束,会尽快回国为国效劳。相聚之日不久可期。

此祝安康快乐!

深深爱你的明燏
1945年10月×日

苏琬华老师把罗明燏先生的来信读了一遍又一遍,略作思考,提笔回信给丈夫。

亲爱的明燏君:

刚收到你的信,我望穿秋水,翘首盼望。从你的简短数语知你考察航空不辞劳苦,东奔西走,所幸大有收获,不枉此行,你一有机会又抓紧时间学习科学技术,值得我敬佩和学习。

在重庆和你泣别,我很担心你行程的安危,以致夜不能寐。当收到你发来电报知已平安抵达美国才放下不安。又过了好久才收到你托人带寄的第一封信,略知你沿驼峰航线飞赴印度,再乘军舰赴美,又遇日机袭扰,幸化险为夷,有惊无险,上苍保佑,吉人自有天相。我日夜思念,时刻盼望你完成工作任务和学成新的科学技术早日归来。

中国抗战胜利,日本投降,全国东西南北,城乡各地都举行了隆重集会,庆祝胜利大游行,持续了许多日,我也代表学校参加了社会的庆祝活动,全国人民都盼望着和平建国的日子到来。

上个月正逢开封大相国寺庙会日,我爹妈和我携征援儿去进香祈福。爹妈是虔诚的佛教徒,平素常给寺庙捐些香火钱,也不时捐助些赈济款救助穷人。

我们一行进入山门,第一进是护寺菩萨、四大金刚,第二进是千手观音殿,殿内的观音菩萨慈眉善目面对信众,我们都上香叩拜,祈求大慈大悲观音大人保护罗家各人平安,小儿聪明健康。民间传说观音很灵,对善男信女有求必应。我还特地求了一支签,签语曰"君问归期已可期,又因负笈使延期。何当团聚解相思，却话学成归国时。"我和我爹看罢不待庙祝解说已领其签，此签为上上签。

我和征援儿你尽可放心，他刚蹒跚学步，进步很快，我安心、耐心等待着你学成归来。我和小儿刚刚照了张照片，还有和爹妈的合照一并寄给你。你孤身在外，要保重身体，劳逸结合。天涯若比邻，草此回信，寄托我对你的万里之思念。

此祝平安，健康快乐！

妻琬华
1945年10月×日

家庭团聚，白头偕老

经过十四年艰苦抗战，中国人民打败了日本侵略者，深受战争之苦的人民，热切盼望重建家园，从此过上和平的日子。而以蒋介石为代表的国民党却妄图篡夺抗战胜利的果实，独裁统治全国，三次电邀毛泽东到重庆共商国事。其目的一是由于抗战胜利时，国民党军队主力尚在西南、西北地区，立刻发动内战有很大困难；二是若共产党不去，则可说共产党拒绝和平谈判，从而发起内战，将责任推给共产党。大智大勇的毛泽东、周恩来等代表共产党赴重庆谈判并签订"双十协定"。1946年6月，蒋介石认为时机已经成熟，凭借军队数量和武器装备的优势向解放区展开大规模进攻，全面内战爆发。经过一年的战争，形势逆转，两军进入相持阶段，蒋介石鉴于力量对比不利，不得已由全面进攻改为重点进攻，以陕北延安和山东解放区为重点目标。战争在解放区和相邻的国民党统治区拉锯展开，毗邻于山东解放区的国民党统治区开封，已感到战火临近，国民党统治朝难保夕，岌岌可危，有些官僚、富户搬迁去北平、上海或广州。

罗先生于1947年2月回到故乡广州，他立即发电报告知在河南开封的妻子苏老师，并写信告知详细近况，期盼妻儿前来广州团聚。

琬华贤妻：

近好，首先告诉你我已平安回到广州，一切均好，请放心，勿念！

这次我出洋考察兼再次求学，收获颇丰，在这动荡的岁月，我俩离别将近三年，彼此时刻牵挂，一言难以尽述。天佑好人，我平安归国，你和征援儿也平安无恙，是我心中最大的欣慰。这三年难为你，独自承担养育幼儿重责，又兼教书育人，我常感愧疚，衷心敬爱你。

我的公差，考察北美航空事业已写好报告由先期回国的同事呈交政府，今又整理了些补充材料，请广东政府呈转中央。今时内战日炽，对于建设发展航空事业，恐没有专人管理了。我去广东省教育厅和中山大学递交求职申请，教育厅和大学都十分欢迎我归来，厅长连说："欢迎，难得人才归来，是本省教育界和工程界之幸事！"

现在我已任教中山大学土木工程系，大学正在筹办航空工程系，我受邀参加这项工作，可以说工作满负荷，工作稳定，生活安定。本来我可以留在美国就业，工作条件和薪酬更优，好些在美的老同学和朋友劝我留在美国发展，可以申请妻儿来团聚。我热爱祖国，热爱我的家乡，选择了回国服务，我希望你带儿子来广州团聚，结束家庭分离，从此永远生活在一起，是我最大的期盼。

来广州的旅途有两种可以选择，一是陆路，去郑州乘火车沿京汉铁路至武汉，然后乘火车沿粤汉铁路至广州；二是水陆兼程先去上海，再乘海轮去香港，转乘火车沿广九铁路来广州。看哪种方便和安全，安全是首要考虑的。

你带儿子旅行，不便携带行李，轻装为好。人到广州，所需生活用品、衣物很容易添置，盼望你和儿子早日来穗团聚。

至于岳父母你好好和他们商议，他俩暂留家乡，你先来，待安顿好再计议，若也愿意离乡南来广州？我是欢迎的，此意请代告岳父母大人。情况如何？请来信或来电告我。

此祝健康快乐！合家平安！

明燏1947年2月×日

苏老师收到丈夫的来信，知道丈夫已回到广州，顺利找到工作，心想应该尽快带儿子南下广州团聚。她把自己的想法禀告老爹老妈，爹妈也赞同。两老拟暂不离乡，看看情况，以后商量再作打算。

苏老师辞去中学的教职，准备南下，恰好在她任教的中学有一位同事王老师，是空军的家属，她知道有时有军机往返于开封和上海等地，于是苏老师托她帮忙搞一张机票飞往上海。军机有时空舱飞行，也乐于售一张票给可信的人"捞外快"。苏老师拿到机票后马上收拾简单行装前往空军机场，父母也去相送。苏老师与老妈互抱、互道珍重，洒泪而别。

苏老师抱着小儿登上机舱，这狭小的机舱只有5~6个座位，坐定之后，看看侧舱的小窗只有碗口大小。飞机起飞了，此时她也无心凭窗俯瞰大地，只盼早点平安到达上海。乘坐这军机无舒适可言，幸好幼儿征援很听话，不闹别扭。飞行一个多小时后，安全降落在上海虹桥机场。她向飞行员道谢，下了飞机就马上去外滩客轮售票处购买上海至香港的船票，并入住旅馆及发一封电报给在广州的丈夫。

次日，苏老师带着幼儿去十六铺码头，登上"虎门号"客轮。一天一夜多的航程顺利到达香港维多利亚港，母子离船上岸后即乘轮渡过九龙尖沙咀，从九龙火车站乘火车往广州。经过两个多小时行程，火车缓缓进入天河站（现广州东站）。

罗先生早就在广州东站内的站台等候，他留神注视着众多而拥挤的下车旅客，当发现妻子抱幼子下车时，喜不自禁，抢步往前。这时苏老师也发现从站台奔过来的丈夫，喜得热泪盈眶。分别近三年，相隔万里，牵肠挂肚，一朝相聚，喜悦难以言喻，两人紧紧相抱。随后苏老师抱起征援儿对着罗先生吩咐儿子："叫爸爸嘛。""爸爸！"孩子大声叫。这聪明的小儿已听过妈妈说爸爸去美国工作、学习，如

罗明燏夫妇与儿子罗征援

今回来了。他带着羞怯又好奇的样子端详着爸爸,罗先生把儿子抱起来亲了又亲,从口袋掏出美国巧克力犒赏儿子。他记得在重庆离别时,儿子是个才满月的婴儿,现在两岁多,会说话了,这两年多真是苦了妻子,心里越发感激她。

出了火车站,罗先生招呼的士过来,大家上了车,十来分钟就到了一个大院门前,下车后付过车费步行入大院,这是文明路旧中山大学大院,此后罗明燏先生一家就在大院内几所公寓、平山堂、北斋及北轩8号居住了二十多年。

1948年,罗先生受北洋大学校长张含英之邀聘为北洋大学工学院航天工程教授和系主任。

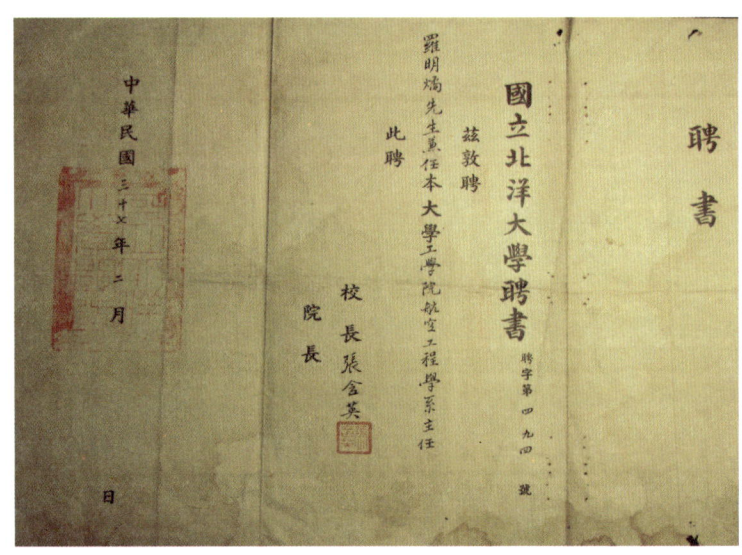

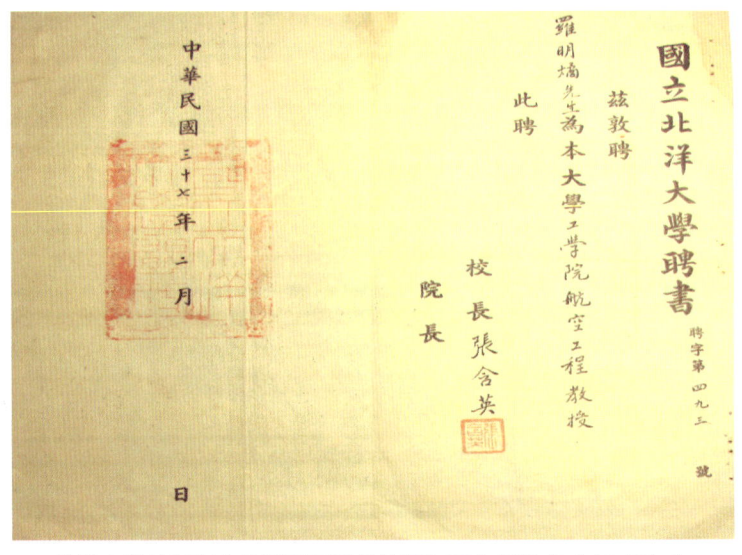

北洋大学校长张含英给罗明燏的教授与系主任聘书(1948年)

1950年，罗先生重回中山大学执教，任工学院机工系教授。

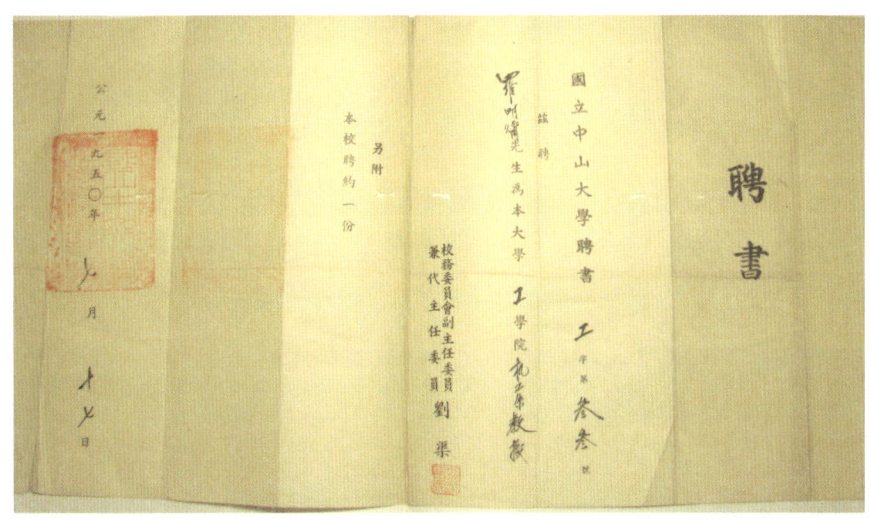

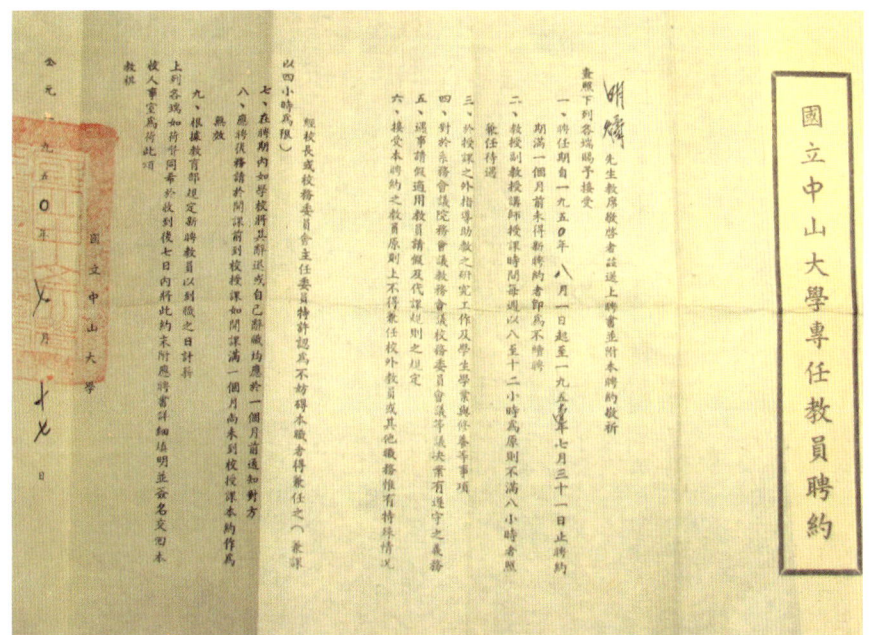

1952年，国内高等院校调整，华南工学院（今华南理工大学，简称"华工"）筹备委员会成立，经时任广东省政府主席叶剑英举荐，罗明燏先生调入华工任校筹委会主任，继而被任命为院长。在广州东北郊石牌五山校区是学院校本部，校区有一栋三层的小洋楼住宅分配给罗院长，可是他住惯了城内旧中大大院，没有搬去校本部居住，每天搭公共汽车回学院办公。1956年，中央照顾高级知识分子，华工购买了一英国小汽车供罗院长上下班用。但罗院长仍

不坐,认为这是浪费公款,只有在省市因公开会时才坐,而且一定给司机同志5元钱作为餐费。20世纪60年代初,坊间谣传罗院长衣着朴素,坐公交车没钱买车票。经时任广东省委第一书记陶铸指示,罗先生才坐上小车上下班。

再说苏老师虽然出生、成长在北方,但来广州后很快适应了南方都市广州的生活,比如闲时约亲友去茶楼饮茶、茶叙,粤菜、海鲜、广式料理也喜欢;以广东方言为唱词、广式唱腔的粤曲、粤剧她也很喜欢,且是名旦红线女的"粉丝"。罗先生是一级教授,在广州地区工资标准是381元/月。他的工资足够家庭开支,于是她甘愿放弃工作,专门在家相夫教子。儿子聪明伶俐,顺利成长,一家人其乐融融。

罗院长为新中国的建设和教育事业做出很大贡献,他爱祖国,拥护共产党,历次政治运动都没有受到冲击,只有前所未有的"文化大革命"例外。罗院长一生做过很多工程设计,笔者仅知的一些重大的工程,前面章节已有叙述。而他对我讲,新中国成立后承接设计过大小工程200余项,我知道的只是冰山一角。

"文化大革命"期间,罗院长被诬陷攻击江青,百口难辩,含冤受屈十多年,他默默承受。后来国家科委主任方毅获知情况,指示广东省科委去调查和处理,迟至"文化大革命"结束三年后的1979年始获平反,安度晚年。他于

苏琬华老师和儿子、孙女在加拿大家门前

1987年10月去世,享年82岁。已定居在加拿大的儿子罗征援回广州处理后事,并邀请母亲苏琬华去加拿大,次年苏琬华老师移民去加拿大定居,随儿子生活,安享晚年。苏琬华年迈时儿子请保姆帮忙照料,及至最后转入专业护理机构照顾,于2003年仙逝,享年94岁。

终其一生,罗先生夫妇志同道合,年轻时任教于西北联大,是恩爱美满一对,被同事羡慕的伉俪;中年时离别几年,团聚之后再没有分离,风雨同舟,相濡以沫,同甘共苦,安度晚年。罗院长高尚品格,垂范后世。

斯人已逝,笔者愿与众多校友及在求学的莘莘学子缅怀罗院长,学习他勤奋一生,为中国建设和教育事业不遗余力做出巨大贡献的高尚品格。

自从罗先生的祖父罗子聪带领罗家南迁到广州,罗家人丁日渐壮大,现估计有数百人之多,约一半在内地,一半在港澳和海外。海外的均由港澳扩散到英国、北美和澳洲。这些罗家后人多在科研机构工作,或在大学任教,或当医生,等等。以北京为例,罗先生有一侄子罗征培在清华大学工程物理系任教授,一堂侄女罗征静在中国人民大学任教授,还有另一堂侄女罗征敏是钢琴家;在广州,有一堂侄罗征祥是心外科专家,曾任广东省人民医院院长、党委书记。在英国,有一侄子罗征泰在牛津大学医学院任医生;在美国,有在卫生部(NIH,CDC)供职的外甥王桂熹,是世界级的疫苗专家。

罗明燏夫妇与堂弟(右二)及堂兄之子罗征祥(右一)(摄于家中后花园)

与陈济棠之交

在罗明燏的心目中，陈济棠并非是简单的上级，而是一位亦师亦友的知己。1926年广东革命政府举兵北伐，蒋介石任北伐军总司令。蒋介石掌握兵权、党权后于1927年叛变革命，屠杀共产党人，成立南京政府，在国民党内实行独裁，先后软禁过胡汉民、李济深等元老；在对待日本侵略者的步步进逼、侵吞东北三省和蚕食华北时则不抵抗，采取"攘外必先安内"政策，热衷打内战，围剿红军，很不得民心，即使在派系林立的国民党内也不得民心。

20世纪30年代初，陈济棠任两广西南军政委员会主任、粤军总司令，是个军阀，时人戏称他为"南天王"。他主政广东八年，其间政局稳定，文化教育、民生实业有所发展，粤港澳得地利，经济繁荣。他和粤系的一些国民党元老素与蒋介石面和心不和，口服心不服，对蒋控制的南京中央政府"阳奉阴违"，而努力发展地方经济，扩充军备实力。

在"反共"方面则没有蒋介石那么狠和坚决。据说1934年秋，中央红军突围长征时，队伍从湖南、粤北之五岭过境派潘汉年去谈判。红军与陈济棠达成君子协议，依约红军只过境不占地盘。陈济棠假装遵上峰命

陈济棠

令，但虚晃一枪，部队向天空开枪，没有真正交火阻击，红军顺利过境。

较早些粤系十九路军的蔡廷锴、蒋光鼐指挥1931年"1·28"淞沪抗战，英勇抗日，挫败日寇凶焰，鼓起民众抗日意志。广东不乏抗日反蒋的民众基础。日寇于1938年占领广州后，广东即成立抗日的东江游击队，活跃在穗、港、珠三角和东江，此是后话。

20世纪20年代末30年代初，曾任广州市市长、后升任广东省政府主席的林云陔任用罗明燏设计了若干工厂和大工程后，十分赏识罗明燏先生的才干和实干精神，以及办事效率高和清廉的作风，全力向陈济棠举荐他。1932年，当广东政府与美国政府有科学、文化交流的项目，有赴美留学的名额，该选派谁时，林云陔主席和陈济棠意下都是选派罗明燏。但为了公正起见，也为了避徇私办事之嫌，后决定举行考试择优选取。科技、工程方面的留学选拔考试当然要考数理化和英文，罗明燏以优异的成绩从几十名应考者中脱颖而出，获得官派留学资格，经过两年的刻苦学习获得麻省理工学院航空工程和土木工程双硕士学位。学成归国后，更得到陈济棠的器重和信任，在做出不少实绩后，罗先生升任为广东省政府的总技正。陈济棠不委派时任军需处长的堂弟去意大利采购空军战机，而是选派罗先生为贸易团团长去采购，可见他对罗明燏非常信任。罗先生则不辱使命出色完成任务。陈济棠在积蓄军力准备对抗蒋介石、筹划在粤北英德石灰岩山区建设现代化兵工厂时，亦不时咨询罗先生。

那时军政要人都有点迷信，重大行动之前常占卜问卦。陈济棠举起抗日反蒋大旗之前亦占卜问卦，卜得"机不可失"，他误解读为反蒋、倒蒋之时机不可错失，哪知老谋深算的蒋介石洞悉先机，釜底抽薪，派特务头子戴笠差人卧底策反，收买了其手下不少的空军人员，多人驾机叛逃飞去南昌投蒋。驻守赣南、粤北，拥有重兵的粤军第一军军长余汉谋叛陈投蒋，陈济棠军迅即土崩瓦解。陈济棠见大势已去只好通电下野，避居香港，这就是1936年6—7月发生的历经40余日的"两广事变"，"两广事变"很快被平息。

陈济棠下野后寓居香港经商，全国抗战爆发之后回内地工作。1941年12月7日，日军偷袭珍珠港，重创美国海军。日本发动太平洋战争，迅速袭占香港，许多人猝不及防。有大批爱国、抗日人士、文化名人、"左联"骨干、演艺名伶，经共产党地下组织施救和大力帮助，并得到东江游击队和爱国民众掩护，历尽艰险，辗转逃回内地，幸免落入日寇之手。此时陈济棠刚好在香港，仓促应变，化装潜逃回内地，免遭日寇胁迫。他化装成难民历经艰险，沿西江经梧州辗转到桂林，为求一张飞去重庆的飞机票而受尽嚣张不可一世的孔二小姐（孔令伟）的奚落。这孔二小姐头戴美军式"榄角帽"，一身美式戎装，腰别左轮手枪，盛气凌人。曾经是一方诸侯"南天王"的陈济棠受小辈羞辱，痛不欲生。

1944年，罗明燏被选中为赴北美考察团成员，在重庆接受政府为期三个月的政训期间，与昔日的老上司陈济棠不期而遇，不胜唏嘘。"两广事变"后，陈济棠、罗明燏分别多年，各奔前程，信息不通。一朝邂逅，互陈别后之生涯。

在重庆，陈济棠与罗教授邂逅时，过气的陈济棠将军向罗教授大吐苦水，讲述从香港逃回重庆如何惊险和艰难。罗教授太太苏琬华老师也辞去西北联大的教职，随丈夫到重庆住入陈济棠家中。这时罗征援出生，陈济棠买婴儿衣服、用品送给罗明燏，罗教授谢纳。

1937年"七七"事变后，全国抗战，国民党当局被逼解除党禁。曾经一度反蒋的党派、团体军政要人，只要团结抗日、不反蒋就得以"宽待"或任用指挥抗战，如阎锡山、李宗仁、白崇禧等，陈济棠在重庆也获一个"参事"虚衔。在重庆一个好心的友人告诉罗明燏教授，别以为"团结、气氛宽松"，实际上很多特务在监视着社会，监视着人们的活动，言行均要谨慎为好；罗明燏教授也有同感，谨言慎行。抗战胜利后，陈济棠偕妻子莫秀英在粤港经商，经营海南岛，富甲一方。1949年夏天，陈济棠经营、建设海南岛海口市的民用港口码头——秀英港码头，他邀请当时在中山大学任教的罗明燏教授帮忙设计码头。老上司与老朋友相邀，罗明燏教授乐于帮助，去海口花了两周时间完成设计。

这时蒋介石已穷途末路，败退台湾，他责令国民党海南防卫总司令薛岳防守海南岛。薛岳是国民党宿将，抗战时与日寇鏖战于长沙三败日军，有"老虎仔"之称，他表字伯陵，在海南岛"依海据险"以海空配合，构筑一道海、陆、空的立体防线，被称为"伯陵防线"，企图凭借这条防线阻挡人民解放军解放海南岛。

1950年春，解放军第四野战军的名将邓华、韩先楚、解方率领大军凭木帆船渡过琼州海峡，在冯白驹领导的琼崖纵队得力的策应下，击败有飞机、铁舰、坦克装备的国民党守军，一举解放了海南岛。

罗明燏教授帮陈济棠设计海口秀英港民用码头一事恰好发生在1949年夏天，但此事与"伯陵防线"毫不沾边。不幸这宗业务在"文化大革命"时被"张冠李戴"，罗教授被误为参与修建"伯陵防线"，后在政治运动中几经交代和审查才免受冤枉。

罗明燏教授与陈济棠可说是私交甚笃，友谊很深。他俩有很好的友缘，但罗明燏对蒋介石从来没有好感，耻于奉蒋那是不争的事实。

抗战胜利后，罗明燏教授帮经商的陈济棠从意大利选购民用的商船。陈济棠派人把"佣金"送给罗明燏夫人，不知情的她收受了，当罗明燏教授知道后亲手送还给陈济棠，为朋友帮忙不收酬劳。

有一次陈济棠问罗明燏教授："罗先生，你出仕社会几十年后，几经大动荡和变迁，家庭经济如何？尚好吗？"罗明燏答道，"我一介书生，教书育人，间或从事工程服务，从未经商，日子尚好，但依然无所积蓄。"陈济棠说："我看你仍两袖清风，不瞒你，鄙人经商有成，生意上颇有斩获，已'广积粮'。我拟在香港买一个离岛做地产赠送与你如何？"罗明燏教授笑答道："啊，太多谢你的美意，我凭知识服务社会，教书育人，维持家庭生计，生活尚可，你的盛情免了。"两人相视而笑。

罗明燏教授与陈济棠的友谊确切详情，还是由他本人来说才来得清楚。下面一段节选自罗明燏的口述记录（骆钰华整理，原载华南工学院校报《华南工学院》，1987年3月2日）。

1929年，我在广州市公务局担任技佐期间，一个偶然的机会，认识了陈济棠将军。陈为了搞好他坐落在广州市梅花村那座公馆的设计、多次接见了我，这算是我和他交往的开始。他向我详细说明新建住宅的要求，跟着我便为他的新公馆作了精心的设计，并动工兴建。新公馆落成之后，他又十分热情地请我到他家里吃饭，从此，我们便成了朋友。当时，陈济棠已是身居要津的大人物，而我只是一个小小的技佐，又不沾亲带故，可是我们之间后来竟成为稔友，这和陈济棠重视知识分子的观念有着密切的关系。我在和陈济棠交往的过程中，觉得他很尊重知识，重视知识分子。他平时和我打招呼，从不直呼我的名字，总是"罗技佐""罗先生"这样称呼我，表示对我的尊重。他治粤期间，很重视知识分子，只要是专家或有一技之长者便提拔重用，并在生活上给予优厚的待遇。此外，陈济棠还罗致了大批留美学生及其他科技人员为他建立了一大批现代化工业，计有：

陈济棠在广州梅花村的公馆

1. 西村工业区：士敏土厂、肥田料厂、硫酸厂及苏打厂、汽水啤酒厂、燃料厂；

2. 河南纺织区：棉织厂、丝织厂、麻织厂、毛织厂；

3. 麻包厂；

4. 蔗糖工业：市头糖厂、新造糖厂、顺德糖厂、揭阳糖厂、惠州糖厂、东莞糖厂；

5. 南石头造纸厂；

6. 翁江水电厂；

7. 南石头钢铁厂。

这些工厂，除了西村士敏土厂是在原有旧厂扩建以外，其他都是白手兴家，从无到有的。广东自辛亥革命以来，由于政局不稳、战乱频繁，广东的工业可以说还是一片空白。陈济棠主粤政以后，即订出《广东三年施政建设计划》，着手兴办工业。在兴办工业的过程中，他十分重视罗致及重用科技人才，让这些内行人掌握工业中各部门的经营管理大权，使他们有职有权，充分发挥才干。此外，他还在生活方面给予科技人员以优厚的待遇,以调动他们的积极性。由于工业建设计划周密及用人得当,各工厂纷纷依期建成投产。不到三年时间,广东省建设厅每月工业资金收入由5万元骤增至7000万元,经济效益十分显著。由于工业的发展,扩大了社会的就业人数,人民生活水平得到了提高,再加上一些其他财政措施,使广东的经济在当时出现了较好的局面。尽管陈济棠锐意兴办工业是为了巩固广东这块地盘,但由于在兴办工业中取得了成就,从而为广东的工业打下了一定的基础。当时由于工业的发展,繁荣了经济,社会治安较好,人民安居乐业,呈现一派升平气象。时至今日,不少粤中父老对陈济棠治粤时期还是怀念的。

1931年,我被调到广东省政府任技正。当时,陈济棠正因"胡案"而联合与蒋介石有矛盾的各派系(如胡汉民、汪精卫、李宗仁等)反蒋。他为了加强军事力量,拟对韶关飞机厂进行大规模的扩充。我被聘为该厂监理。我到韶关飞机厂后即按陈的指示紧张进行扩厂工作。竣工后,我即返回拟向陈面告详情,因为他很忙,腾不出时间来接见我。

1932年,我获得公费到美国麻省理工学院航空系攻读硕士学位。1934年毕业,继续到英国攻读博士学位。翌年,因为家父逝世,回国奔丧。就在这个时候,接到陈济棠的来信,派我到德、意、法、荷等欧洲国家参观飞机厂。回国后,陈济棠委任我为第二飞机厂(即韶关飞机厂)副厂长兼总工程师。1935年初夏,陈济棠为了扩充军事实力,准备向外国购买一批飞机。当时,他公务很忙,便授权给我代他与外国商人签订合同。但我很怕与这样大笔的款项发生关系,最后还是由他本人亲自签了字。当时总共购买了驱逐机40架,500匹马力的飞机发动机40个。由于购买飞机这件事,我和陈济棠有了更为频繁的接触,我们之间的友谊又有了加深。后来当他没有实权时,家里有不少亲朋挚友成为座上客,我也算是他们当中的一个。

1935年初,陈济棠在筹建琶江兵工厂时又曾派我去参加建厂工作,该厂先由周君实任筹备主任,后因在建厂过程中炮厂未建成而出现塌下的事故而改由邓演存负责筹备工作。这间工厂全部进口德国机器,以高薪聘请德国人任工程师。购买机器及建造厂房约费3000万大洋。该厂规模完全仿效德国克鲁伯炮厂,设计有炸弹厂、大炮厂、机枪厂、毒气厂、防毒面具厂等专门厂。在建厂过程中，由于设计人员的粗心，导致跨度为80公尺的炮厂厂房在拆开模板后倒塌。就在这个时候，我被派到该厂，负责建厂的技术工作。1935年底该厂建成并开始投产。

同年，我又曾接受陈济棠的指派到东莞糖厂参加建厂工作。东莞糖厂的厂址虽水陆交通方便，水源丰富，但厂的地基极不牢固，是填土六七公尺而形成地基的。开始，以每月1.5万元大洋的月薪聘请了一个名叫Blackmore的英国人任总工程师，他干不到半年便走了，原因是怀疑厂址填土地基不牢，不断下沉，怕出问题，影响声誉，便自行告退。这个英国工程师走后，国内外都无法聘到肯担任这份工作的工程师。在这个时候，陈济棠把我找来，问我肯不肯为他解决这个难题。我说："让我试一下吧！"当天，他就用车把我送到在筹建中的东莞糖厂。我对该厂厂址进行了认真的勘查，认为在这个地段上建立厂址虽有困难，但还是可以克服的。于是我便担任了这个厂的总工程师，开始了紧张的建厂工作。

一个星期后我便把设计图纸搞了出来并立即组织工人进行施工。为了提高工人的积极性以加速工程进度，决定实行三班制（日夜班），白天八小时工作为一班，夜间四小时工作为一班。每班每人工资2元大洋，安装工人6元。对地基不固的地方采用打桩加固的办法，克服了这个主要的难题，只用了四个月时间，建厂工程便全部竣工。跟着便进行部分试机，效果良好。当时，陈济棠曾派广东军垦处长翁式亮率领一百多人到东莞糖厂参观，对东莞糖厂如此迅速建成深表赞许。

1936年6月，陈济棠联合桂系反蒋失败，宣告下野。后来，他和他秘书梁植槐到欧、美各国考察。我也在翌年离开广东，到北洋大学任航空系主任兼教授。在以后的六七年中没有与陈济棠直接接触。

1944年，我到重庆时见到了陈济棠，他热情地接待了我，并邀我到他家里去住。他一见到我，便说："你教了这么多年书，仍是这样贫困潦倒！"他定要我收下40万元法币，以纾贫困。我当时自觉手头还不是很拮据，便辞谢了这笔赠款，但对他这种隆情厚谊是深为感激的。自我和他交往以来，觉得他为人忠厚，对朋友总是热情关怀，遇上朋友在经济上有困难的时候，他一定慷慨解囊相助，从不吝啬。他的许多部属也都感恩怀德，舍命辅佐。在1931至1936年间他任第一集团军总司令的时候，有一次，他到揭阳视察，遇上刺客向他投掷手榴弹。随行在他身旁的师长张瑞贵舍命趋前，捡起手榴弹向空地掷去实行爆炸，陈将军才免于难。在总揽广东军政大权的前后，他经历了多次国内战争，才巩固了广东这块地盘。其中，1929年12月，陈济棠挥军反击，经过四个昼夜的激烈战斗，终于击溃了张发奎和白崇禧的联合军队，把他们逐出了广东。这场战争的胜利，除了战略、战术及地形等因素之外，陈将军平日袍泽情深，因而将士用命，斗志高昂，也是克敌制胜的重要原因之一。

1944年冬，我在任西北工学院航空系主任兼教授的时候，获得华侨捐款赞助，到美国、加拿大等国考察航空工程。同行的还有四位教授，组成五人考察团，由我担任团长。当时同行的四位教授是：西南联大航空系主任兼教授冯桂连、教授丁履德（解放后任山东工学院院长，"文化大革命"期间被迫害致死）、中央大学教授张创、上海交通大学航空系主任兼教授曹鹤荪（任湖南国防科技大学副校长）。当我来到重庆办理出国手续的时候，恰巧碰上中美两国在外交上发生了一些麻烦的问题，蒋介石批示：暂缓出国。我只好留在重庆待命。陈济棠得悉这一情况后，便热情地邀请我到他家去住。同年8月，上海交大（当时校址在重庆九龙坡）聘我为造船系教授，仍寄寓在陈家。

时值隆冬，我因住在陈家而经常和他烤火聊天。他为我讲述了不少关于他的经历，其中1941年他在香港脱险的经过，可以说是充满了传奇的色彩。1941年，陈济棠在重庆国民党政府任农林部长。7月接香港来电，其夫人莫秀英在港患重病，陈由渝赴港探亲。在港期间适值日寇进攻香港，重庆派赴香港接陈的飞机在南雄失事，陈未能及时逃出，在日寇占领香港时仍困居香港。日寇及汪精卫均知陈仍匿居香港，派人四处搜索，拟请陈到南京任汪伪组织中的军事委员会高级官员。陈深知如仍滞留香港，必有被迫变节的危险。便冒险化装为工人随其友林绍荣逃离香港，随身携带鸦片烟膏，预备若为敌寇识破，即服鸦片自尽。陈与林两人凌晨四时步行到码头乘船往大澳，沿途曾遇日兵盘查，在船上又遇日寇海上巡逻队，幸均安然渡过。几经周折，自大澳乘船至中山县民心埠，又乘小舟至顺德大良，再转船到新会猪头山，途中曾遇上日寇军舰。幸而未被截搜，终得逃离日占区，抵达当时系属自由区的新会。陈将军为我讲述这些险象环生的经历时，似仍有余悸，但他甘冒险犯难以保持民族气节的高尚情操亦溢于言表，使我深为感动。

1944年底，我们获准出国。临行前，陈济棠怕我经济拮据，要赠给我3000美元。我因已有公费，便婉辞不受。他又特意派司机开车从他住的歌乐山别墅把一双从外国买回来的新皮鞋送给我，并半开玩笑地叮咛我说："你穿了这双新皮鞋，脚跟稳定，再不会象以前那样潦倒了！"

我到美国后，进入密歇根（Michigan）大学学造船。在此期间，美国军备物资大量剩余积压，减价出售。陈济棠曾给我来信，托我为他购买两艘船。我为他到处奔走，经过多次讨价还价，以14万美元替他购得两艘船。

1947年2月，我从国外回来，即到陈济棠家拜望他，向他报告出国情况。当时得知莫秀英夫人病重。过了几天，莫夫人病逝，我和丁纪徐（国民党空军上校，1980年初去世）参加了丧事料理工作。后来，陈济棠先到海南，后到台湾，直至1954年在台逝世，我跟他再没有直接接触。

1980年7月，陈济棠的儿子陈树柏（美国圣地·卡勒拉大学电机工程及电子计算机学系主任）教授回国讲学和参观访问。回程途经广州时，我

罗明燏（左）与陈树柏教授（右）

应邀与他晤面叙旧。他对我说：邓小平副主席在北京人民大会堂接见他夫妇俩，同他们交谈了两个小时之久。邓副主席曾对他说：令尊治粤八年，确有建树；有些老一辈的广东人还在怀念他。后来，邓副主席还亲笔书写鲁迅的诗："历尽劫波兄弟在，相逢一笑泯恩仇"相赠。在叙谈的过程中，陈教授表示没有想到共产党对他父亲有如此客观的评价，使他深受感动。我也觉得从陈济棠生平立身行事来看，邓小平同志的这个评价是十分恰切的。陈济棠生前很尊重知识，重视教育。治粤期间，对发展教育事业不遗余力，当时公、私立学校均颇具规模，教育质素较高。他本人也斥资兴办学校，为社会培育人才。

罗明燏与陈济棠均已作古，罗先生生于忧患，晚景安乐，逝于广州。陈济棠从海南岛随白崇禧、薛岳、余汉谋逃去台湾定居，病故于台湾。两家世交甚深。

陈济棠幼子陈树柏教授夫妇

罗征援在美国加州圣荷西拜会陈树柏教授

宅心仁厚

1945年，身在美国的罗明燏先生为民国政府考察北美的航空事业，他曾在美国航空咨询委员会（NACA，NASA的前身）作研究。因为他是麻省理工学院航空工程的硕士毕业生，又熟悉中国的国情，美国当局经常咨询他。说来也巧，罗先生的儿子在约半个世纪后也在NASA任高级研究员多年，专于计算流体力学。他退休后还不忘把所学和经验奉献祖国。

太平洋战争中，美国对日本作战取得节节胜利，有海军优势的美军已经派飞机空袭日本本土东京等地，并对琉球群岛采用"跳岛战术"登陆作战。当美国军机轰炸日本本土时，曾咨询中国学者梁思成，问空袭京都如何时，梁思成惊答："京都是日本历史、文化重镇，曾是日本的京城古都，古建筑、文化遗产很多而不是军事基地，应该保护，切勿轰炸。"美军听取他的意见，没有轰炸京都，可以说梁思成先生是京都的恩人，这史实不少人知道。

无独有偶，美国军方为了打击在华日军，拟在中国东南沿海登陆，咨询罗明燏准备轰炸广州芳村、大基头一带的石油库和港口码头时，罗先生急忙摇手："No…，切不可，广州市民宅和人口密集，若轰炸必伤及很多无辜平民。"美国最终没有在中国沿海登陆作战，也没有轰炸日占的中国广州。由此可见罗明燏先生保护中国人、保护广州人的爱国之心何其强烈。这件事是罗先生对笔者讲的，鲜有人知。

1951年底开始，全国掀起一场轰轰烈烈的"三反五反"运动，大力打击社会上的奸商欺诈行为，干部队伍少数人的贪污舞弊、犯罪行为，整治社会风气，那是时局之需，同时对社会有很大的积极意义。著名的大案有天津的刘青山、张子善案，老一辈上年纪的国人皆记得。一个大的运动，处理案子"从重从快"。因当时未有完善的法律程序，难免有误。在广州有一次要判决一批人，其中有一个干部服务于华南垦殖总局（现广东农垦局）。罗明燏知道此人正直清廉，不会干贪污舞弊的勾当，认为或许是他对手下的人行为不当有所失察，而不是他本人犯案。罗明燏急忙向负责处理审判案件的广州工务局局长反映，请求核实案情才作合适的判决。解放初，罗明燏为广州工务局设计完成过很多重要工程，与时任广东省政府主席的叶剑英元帅也相熟。叶剑英元帅深知罗明燏为人正直，对他的请求非常重视，便对罗明燏说，"罗教授请放心，明天我会认真处理的"。次日宣判大会，这位华南垦殖总局的干部获从轻发落，作人民内部矛盾处理。

20世纪50年代，广州的内河港口黄沙码头出了重大的安全事故，设计码头的工程师被戴着手铐接受调查。调查会上，罗明燏是技术责任审查人，他严肃指出设计错误之处，也实事求是指出建材的质量和施工上也有些问题。罗明燏的发言可以决定设计失误的工程师的命运，如果简单处理了事，失误的工程师就要锒铛入狱。对这个案子的审判时参考了罗明燏的发言，只对工程师作降级降职处分，免予刑事起诉。

在民国时期，有一次罗明燏乘小车外出办事，在小路上汽车碰撞了农民的挑担，司机停车斥责农民阻路。他下车制止司机，自掏腰包送五块大洋给农民，叮嘱他走路要靠边，注意安全，农民欣喜而去。上述几件事都体现了罗明燏先生的与人为善和恻隐之心、仁者之心。

任职华南工学院院长

1952年，中国对高等教育系统进行重大改革和调整，按不同专业类别重组成大学或学院，当时称为院系调整。旧的模式基本照搬英、美等西方国家的，而新的模式是学习模仿苏联的。把工科专业集中于工学院，工学院不办人文社会学专业；医学院只办医学和其相关基础专业；综合性大学专业范围较广，包括人文、理工、社会、史地、哲学等专业，还有师范、外语、外贸、财经、政法、体育、音乐、美术、戏剧、电影、民族等类专业学院。在改革开放后的二十世纪八九十年代，专业设置、办学模式又做改革，部分恢复当今英、美西方的高校模式。合适的专业设置、办学模式，依国情、社会自有它的规律，哪种模式为优，就由教育家、学者去论证吧。

新中国刚成立，因八年全面抗战、三年内战造成创伤，满目疮痍，百废待兴，当务之急是恢复生产建设、改善民生；更进一步向工业化迈进和加强国防建设。高等教育非常注重理工科人才的培养，学习成绩优秀的学子往往就读清华、北大、北航、哈军工（中国人民解放军军事工程学院的简称，今哈尔滨工程大学）、复旦、南开等名校。

华南首府广州有多所著名高校，院校调整后成立了华南工学院（华工）、华南农学院（华农），校址均在广州东北郊五山，原中山大学地域开阔的校园内。中山大学则迁往原岭南大学康乐园校址，坐落在广州河南康乐北路，北临珠江、南临新港路，岭南大学停办。原岭南大学的工科专业合并去华南工学院，农科专业合并去华南农学院，医科专业并去中山医学院。原中山大学、岭南大学的文理、社会专业并入中山大学，新的中山大学成为综合性大学。

华南工学院的师生人数和办学规模在华南首屈一指。该校院长职务由谁来担任？这关系到高校的建设发展和人才培养的大计。

当时在广州的理工科的杰出人才不多，在华工领一级教授薪资的只有罗明燏和冯秉铨二人。罗明燏教授早年留学美国麻省理工学院获双硕士学位，后又在密歇根大学和英国帝国理工学院进修，在国内参与许多重大工程设计、建设施工，在航空、土木、造船工程专业有高深的理论知识和丰富的实践经验，并从事教育许多年，是享有盛名的教授。冯秉铨教授是清华大学优秀毕业生，先任教岭南大学，后去美国哈佛大学攻读博士学位并从事教学科研，精于电子工程和无线电发射技术，1946年归国任教广州岭南大学，先后任岭南大学理工学院院务主任、校教务长。另一教授罗雄才也是杰出人才，是东京帝国大学的优秀毕业生，精于化学化工领域，归国后在国立中山大学任教。他们三人均是华工院长的候选人。

院系调整时中南军政委员会、广东省委、省政府主持和参与这项工作。

负责具体工作的是省委派出的张根生同志，他对各合适人选做了深入调查和了解。

选任的程序先由参选人报名，竞争上岗。经民主程序，由评委评估，最后由中南军政委员会、省委、省政府拍板。罗明燏教授参与了新中国多项国防和民用工程的设计和建设，成绩斐然，省政府主席叶剑英非常看好罗教授。当张根生找罗教授交谈，透风上面授意将会选任他当院长征求他意见时，他谦逊地说："我的专业水平、教学能力、科研、设计，我很自信，但对繁重的行政管理和复杂的人事关系我很不适应。""我们不需要你做具体的行政管理事务，学院有党委、院务办班子运作。你只要挂名，参与大事决策、拍板，上承高教部指示，下带领和团结广大教职员工做好教育和科研工作，应该没问题吧。"张根生说，"说白了你是有职无权（指人事权）。""啊，这很好，我的性格淡泊权与利，免我耽于繁琐的行政事务和复杂的人际关系，我乐于也甘于接受这个职务。"罗教授说。"一言为定，不必过谦，我向上级汇报了。"

经过上下两轮的评议、遴选，最后由叶剑英主席拍板，上呈中央政务院，由周恩来总理批复，下达他签署的委任书，任命罗明燏为华南工学院院长，并颁发签署的委任状文本，用现在流行的话则是"持证上岗"。

周恩来总理签署的委任状

这个职务一当就十三年。罗院长忠实履行自己的职责，工作严谨，团结教职员工，与党政部门及各系的领导关系和谐。20世纪五六十年代，他曾任第一、二、三届全国人大代表，以及广东省人大代表、科协主席和后来的全国政协委员……

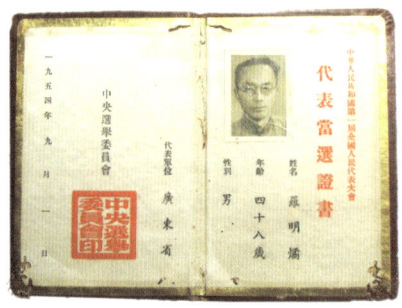

第一、二、三届全国人大代表证书

国庆十周年观礼卡

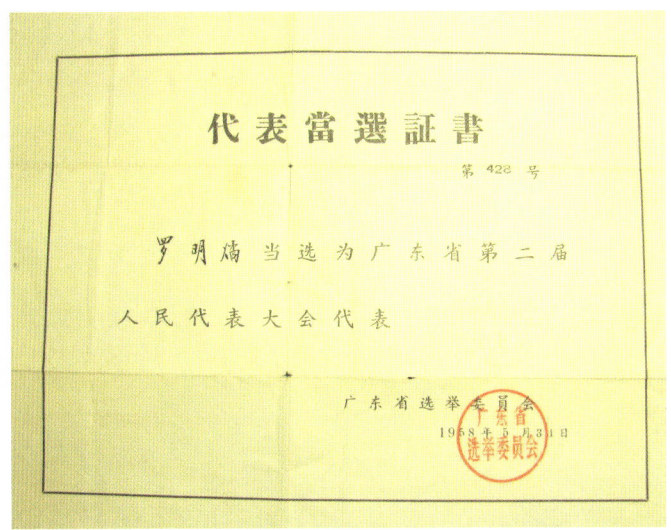

广东省人大代表当选证

罗明燏院长还有一个比较特殊的工作就是时不时出差去某地搞国防工程设计与建设施工。每当接到任务,给学院打个招呼,只携带几套换洗衣服,告别妻儿就出差。出差地点和工作内容,只有他知道,学院和家庭也不知晓,他严守纪律。

20世纪50年代初,他接到一个紧急任务,那是在湖南某地建设一个山洞内的地下油库和战备仓库。由于地质结构复杂,几次施工顶部都坍塌,没能竣工,于是请他"出山"。他考察了现场并调取水文、地质资料进行研究和总结,找出施工不成功的原因,提出新的方案和办法,做出新的设计和施工,使这项工程圆满完成。

部队的同志会在逢年过节时送大量鸡鸭、火腿、腊肠、腊肉等年货给罗院长以表谢意。在物质生活供应困难的年代,这些食物弥足珍

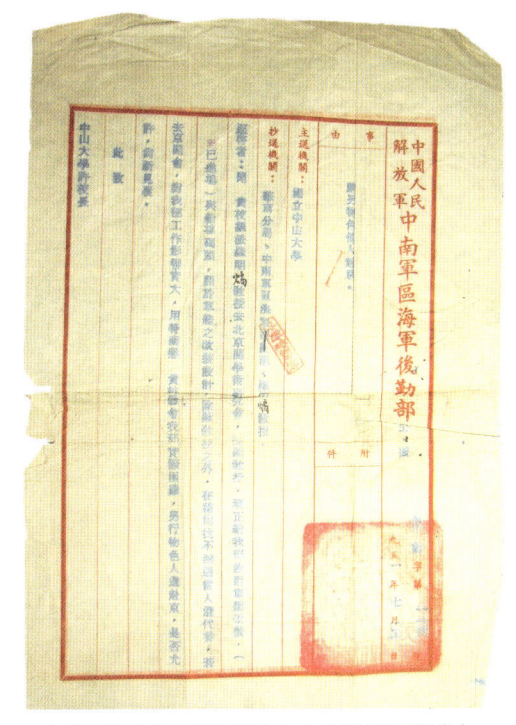

中南军区海军后勤部送中山大学罗明燏参与国防工程需另派人参加学术会议的函

贵。当年凡做这些工作，均是义务，但要负技术责任，且有技术风险，而无现金报酬。据知20世纪50年代中罗院长在江西上饶也做过一座隐蔽在山洞中的战备大油库的设计建设工作。他做过多少项这类服务，只有他知，笔者不知，也不打听。

由于他对国防工程建设贡献良多，广州军区特赠送了一套高档沙发给他以示表彰，沙发之档次可用于宾馆接待外宾，在20世纪50年代，这套沙发的工料成本值六百多元人民币。"文化大革命"期间，罗院长下放去干校三年，过着只领月薪40元的拮据日子，把沙发以50元低价卖给"信诚"旧货店，以补家庭开支。

"文化大革命"后期，干校生活结束，罗院长回城，适逢笔者去探望他。客厅没有了，主客坐在狭窄的走廊小叙。走廊摆放一张八仙桌，他的书籍堆放在桌上足有一米高，华工一职工挤住了他的一个房间，他的书房、书柜、书架也没有了。

1957年开展的"整风"与"反右"运动，不少党内外人士和书生气十足、心直口快的知识分子因言获罪，被戴上"右派"分子的帽子。"整风"之初就有媒体记者访问罗院长，请他提意见，发表言论。他天生的性格是与人为善，淡泊权与利。他拥护共产党，热爱新中国，热爱教育事业，对共产党的领导和对时政只说好话，没有任何牢骚或意见，低调做人，回避媒体记者。他安然度过"反右"政治运动。或许也是主政广东的中南局书记陶铸，深知他对国防工程建设贡献良多，对他保护有加。

老广州人都不会忘记陶铸书记主粤时造福于广州人民。他将居无定所、历史形成漂泊在珠江河上的，俗称"疍家"的上万水上粤民迁移安置上岸定居，功德无量！他大力支持东江—深圳供水工程，增加输水去香港，惠及几百万香港人，解决香港生活用水和生产用水的困难。"文化大革命"开始不久，被江青视为眼中钉的陶铸书记被打倒，受迫害致死。罗院长从此失去这有力的保护，"文化大革命"时处境艰难。

1962年高教部杨秀峰部长来广州考察调研，听取几所中央所属的高校领导的工作汇报。华南工学院开办的专业绝大多数是工科，要购置很多实验室或工程项目必需的仪器、设备，年年都财务困难和超支。彼时，中国的高校没有像西方高校模式的校产基金或获丰厚的社会慈善捐赠，遇到困难只能向上求助。广州另一所重点高校中山大学开办众多的文科专业，运作成本较低，财务微有盈余。汇报会上罗院长不讳言困难，如实向杨部长反映。杨部长尊重罗明燏这位学者，特批把中大的财务盈余拨给华工，解决了华工燃眉之急。

1966年6月，"文化大革命"开始，全国停课。红卫兵轰轰烈烈"破四旧"，毁坏了很多文物古

杨秀峰部长签署的聘书

迹，到处抄家，打击老干部和老知识分子。罗院长也受到冲击，靠边接受群众大字报批评。住在五山校区的许多老教授被轮番抄家许多次，家里的金银首饰、"四旧"书籍悉数被抄走。罗院长家住广州城旧中山大学大院也不能幸免，红卫兵轮番到他家抄家十多次。他家里没有金银细软，无现款，存折上只有工资存入以资生活，红卫兵把他的一些工作照片、家庭和儿子童年的照片都抄走或毁坏。

罗院长不爱看电影戏曲，不沾麻将、扑克，业余爱好养一些花草和读书，除科技书，经典的古文、古诗也爱读，有时做科技工作疲劳时，诵读一下古文、古诗当作休息娱乐。他出差去北京时都会去琉璃厂购买些有价值的古籍线装书，"文化大革命"时全部被抄走而失去，他深感可惜和遗憾。

"文化大革命"初期，学院各级领导通通靠边，行政上有段时间由造反派掌权运作。罗院长虽然靠边无权，但从未被上级免职罢官，每月发放全院教职

员工工资时，财务处仍必须向他借用他的私章，工商银行五山营业所在有他的签章时才认可并支付现金给华工财务处，以便对全体教职员工支薪。

  罗明燏先生任职华南工学院筹委会主任和首任院长，一干就是十七年。"文化大革命"开始后学院停止招生，他又下"干校"三年，学院重新招生时，换届新院长上任。"文化大革命"期间他被诬陷攻击江青，以莫须有的罪名被打成"现行反革命""做内部处理"，含冤受屈，直至1979年才获平反。

新中国成立后参与的重大工程

修复海珠桥

国民党毁桥

1949年10月初，人民解放军挥师南下，二野、四野部队从赣南和湖南越过五岭分两路进入广东，联合粤湘赣边纵队、两广纵队、粤中纵队，飞越粤北天险五岭山脉，突破敌人重重防线，长驱直入夺取广州。在国民党统治下，经三年内战，广州满目疮痍，民不聊生。国民党反动派知道已无力固守广州城，在逃离之前，按蒋介石的指令，炸断海珠桥，造成附近居民上千人伤亡，损失难以估计。

珠江河自西向东穿城而过，把广州分为河北、河南，省市政府、重要的街区和主城均在河北。民国时期，河南只有几条长街，有若干工厂、作坊、小船厂、码头，有大量农田和几万亩果园。十多公里的河段上有不少轮渡码头，方便过江客运、货运。连通河北、河南的桥只有唯一的一条铁桥名海珠桥，是20世纪30年代建成的，海珠桥架设在城区河段中央位置，河面宽大约300米。

1949年10月14日，广州的秋天，天气仍炎热，笔者当时是五岁刚入学的学童。傍晚六时许，一家人正围坐在小

被国民党炸毁的海珠桥

圆桌旁进晚餐，突然轰隆一声巨响，如地震般天崩地裂，大家都惊恐不已，居民随即纷纷走出门外看究竟发生了什么，交头接耳猜测。远望西边大约8公里的广州城上空腾起一大团蘑菇状黑烟，入夜仍未散开。很快消息传来，是败逃的国民党反动派炸毁了海珠桥。这是笔者经历毕生难忘的一刻。

国民党反动派炸桥的目的是阻止解放军进兵追击，而受害的是广州民众。炸桥引起万众齐声谴责，痛斥国民党反动派的恶行。炸桥是在严格保密策划下进行的，市民全然不知，当时有徒步和骑单车过桥的行人，还有一辆小汽车行驶在桥上，都成了无辜的牺牲者。海珠桥附近两岸的民居和一些厂房全部被震塌，成了一片瓦砾废墟，直接伤亡一千多人。

台湾有一知名女作家，写了一本书诉说国民党败退时，政府官员、败退部队兵众和随逃的民众在南逃和逃离大陆时的狼狈窘态和仓惶可怜状，仿如泣诉。

"同根相煎"无疑带来的是深重的伤痛和无奈！大陆的人民会问这位台湾的女作家，您可知道蒋介石是如何屠杀共产党人的？可知道炸断海珠桥的事件？这恶行造成多大的灾难！广州人民对此切齿痛恨。1950年代初，台湾的军机经常骚扰大陆沿海，如广州、汕头等地。国民党政府撤退去台湾前，把国家储备的黄金、白银全部搬去台湾，台湾的金融得以稳定，大陆却是千疮百孔，民生艰难。

修复大桥

人民解放军进入广州城后，肃清残敌，张贴安民告示。为了恢复和稳定社会秩序，成立了中南军政委员会，主导广东的军政大局。叶剑英同志是中南军政委员会副主任，同时任广东人民政府主席。时下广州要重建，百废待兴，发展生产、恢复经济、安定民生是当务之急。

1950年2月，叶剑英主持制定解放海南岛的作战方针和战役计划，四野部队开赴雷州半岛集结，准备解放海南岛。交通非常重要，是建设项目的重中之重。修复海珠桥刻不容缓，叶剑英非常重视和关注这项工程，召集军政高级干部开会研究。两广纵队饶璜湘政委曾是中山大学的学生，也是罗明燏教授的学生，他知道罗教授是国内知名的建筑和桥梁专家，力荐他担当修桥重任，这意见得到叶剑英和各位领导同意，饶璜湘政委自告奋勇登门拜访，去请罗教授"出山"。

在中山大学旧校区大院，饶政委登门罗宅，师生久违晤面，先寒暄几句，叙师生旧谊，随即开门见山直说来意。饶政委问罗教授："海珠桥能否在较短时间内修复，该如何修？"罗教授沉思了一下说："建桥艰难，毁桥容易。海珠桥被炸断令我痛心疾首。我从报纸的新闻图片和听广播，知道桥墩没有受损，这是不幸中之万幸，此桥有救，不必拆掉重建。"饶政委直白罗教授："军政首长、省市领导很重视修复海珠桥的工程，欲聘请你任修桥工程的技术总负责人，你意下如何？"罗教授爱国爱乡，觉得担此重任，责无旁贷，当仁不让，不必作态谦虚，马上承诺。

"好，一言为定！"饶政委高兴地说，并伸手与罗教授紧握以表谢意。"那又如何修复？"饶政委急切问道。

"在我未作仔细调查研究、周密思考和计算之前恕我很难武断答复，请宽容我一周时间，我要到海珠桥实地考察'诊断'，还要从旧政府留存的有关海珠桥的档案资料中细心研究、计算评估，才能提出修桥的方案。"罗教授答，并提出几点意见，"立即成立一个重修海珠桥的领导班子。在修桥之前对炸断的海珠桥的状态作一个评估报告，这些前期项目都通过后，做修桥的设计及施工方案，并做工程费用预算。"

"考虑真周到，不愧为专家。我同意你的意见，今天谈的事情我立即向领导汇报，转达你的意见，你可以随时打电话找我，我若不在，可打给我的助手陈参谋。"

受命修复海珠桥

海珠桥建成于20世纪30年代，是可通人、通车的钢铁公路桥梁。在江水中的河床下建起两组由横梁连接的双圆柱桥墩，钢桥分南、中、北三段。中段的弓背形桁架和桥板分别支承在南北两岸高架的钢筋混凝土框架和南北桥墩上。三段均为简支梁结构，南北两岸桥头均有高架引桥引伸至马路。

海珠桥原来还有一个功能，像英国泰晤士河上有桥塔的伦敦桥，每当巨轮穿行桥下，桥之中间段可以张开，让巨轮通过，船过后桥复闭合。驱动海珠桥闭合靠的是大功率机电设备开合器，电力是靠海珠桥北岸西侧沿江路的五仙门火电厂供给。1938年日军轰炸广州，把桥体的开合器震坏，并将整套设备盗走。从此大桥不可以开合，只能让小船通过。后虽经修建，但中段桥面开合部分已无法复原。

罗教授带了照相机、望远镜、罗盘、地图等工具到海珠桥两岸观察勘测，见钢桥之中段被炸断插入江水，两岸的建筑物全被震塌，残垣断壁，一片狼藉，惨不忍睹。悠悠江水如万千泪人诉说不幸，酸楚悲愤油然而生，他暗下决心，我一定要尽己之所能尽快修复大桥，报答共产党和首长、领导对我的信任，告慰乡亲父老。

他从原市政府交通局调取海珠桥的技术资料细心研读、周密思考，拟定两个修桥实施方案：一是按炸桥之前原样、原功能修复，这方案高耗资，费时日，驱动大桥开合的动力设备，国内尚无厂家生产，向外国订购造价昂贵，时间长，修复大桥的进度就很慢；二是修复大桥通车、通人，放弃大桥开合功能，省时、省力，能快速完成。

罗教授打电话给饶政委，政委十分高兴，即派小车接罗教授来军管会面谈。"你办事好认真，比我预想快了两天。"饶政委说。"不客气，我也是急政府所急，急人民所急呀。"罗教授说。随即把草写好的报告、大桥之照片等资料呈递上，并汇报了两个方案和自己的想法——倾向于第二个方案。

"我们的意见都一致，选第二个方案为佳。大桥是南北交通枢纽，修复它是燃眉之急。它担负着进兵解放海南岛，向西南进兵解放云南的物资运输之重任，也是恢复广州经济民生之急需。"饶政委说："我立即向军政委员会和叶剑英主任汇报。"

很快，修桥方案经研究批准并呈中央备案，按第二个方案办，修桥领导班子也成立了，委任罗明燏为修桥总设计师和施工总工程师，全权负责修桥工程的技术。由衡阳铁路工程局广州分局承担施工，调集了国内一流的修桥技术人员和能工巧匠来广州支援修桥。施工设施方面，靠大桥两岸铺设铁轨，铁轨上架设高高的长臂起重塔吊；从水路开来的大吨位的大型浮吊和施工船只参加"会战"。

罗教授带着一个设计班子迅速设计，绘制好修桥施工的图纸，编制和书写好施工方案及程序的文件交付施工方，并作说明和解释。海珠桥头两岸划出一片施工作业区，施工者日夜紧张作业。

入夜，工区灯火通明，桥上电焊铆焊作业，电火花四溅。罗总（参与工程者称罗明燏教授为罗总）除了在设计室忙设计，还要到施工现场作指导，头戴安全帽、身穿工装的罗总坐镇指挥部或奔走于施工作业现场，随时掌握修桥的进度。

这次修桥，是替大桥做一个"外科手术"，把伤重无法"医治"的部分"切除"，即拆去；把在两岸工区作业、加工预制好的钢铁构件、零部件送往桥上安装，焊接铆接或用巨螺栓紧固。在大桥上和两岸工区的修复人员夜以继日施工，三班作业。入夜，灯火通明，映红江水，桥上电焊的火星四溅，映红夜空。

经过数月的日夜奋战，提前完成修复海珠桥的艰巨任务，接着严格检测大桥的各项性能指标，均符合设计的标准和安全标准。继而又做行车试验，一辆接一辆的汽车从两岸开上桥面，双向而行并过桥。严格检验，严格验收，证明修桥工程设计一流、施工一流。这里顺便辟一下谣：近年坊间流传说是罗明燏教授因看见小孩子"骑牛牛"而产生灵感，修好了海珠桥，并无实证。

海珠桥重建完成于1950年11月

通车庆典

经过严格检验与验收之后，1950年11月7日，在修复的海珠桥上举行隆重的通车庆典。桥上和两岸悬挂着大型彩色气球和庆贺的横幅及标语。

成千上万的市民聚集两岸观看通车庆典。在大桥中央，省市领导人、军管会负责人

海珠桥修复通车的热闹实况

出席了庆典，参加庆典的人员还有修桥领导班子、罗总和他属下的工程技术人员、修桥施工方代表、衡阳铁路工程局及其广州分局的领导，人人喜气洋洋，胸前戴着大红花，聆听领导致简短贺词。叶剑英亲自手持金剪剪开彩带，一时鞭炮齐鸣，锣鼓喧天，开始通行。开路彩车缓缓双向行驶，站满桥面和两岸的民众跟进，放飞鸽子，唱着响亮的歌声行进。不少民众眼中闪着欢乐的泪花，媒体记者忙着拍照，记录这一历史时刻，像机咔嚓咔嚓响，记者忙得不亦乐乎。海珠桥是广州的地标，它的修复值得骄傲。值得一提的是，通车庆典中原准备由罗明燏6岁的小儿罗征援扶持彩带，但因其祖母反对而作罢。后来由一6岁小姑娘金端瑶来扶持彩带，其父金泽光是广州建设局的总工。奇妙的是，罗征援后来在北区二小上四年级时，和金端瑶成了同班同学。还有一点需要澄清的是，当年罗明燏受命于叶剑英，主持负责设计修复海珠桥的重任。在工作期间，并不存在许多传媒（包括一些主流媒体）以讹传讹报道的苏联专家吉贺诺夫光临指导之事。

叶剑英在海珠桥修复通车典礼上剪彩

大广州的桥梁、隧道建设

海珠桥自1950年冬修复通车，安全运行至今七十多年。有些年份做过维修、油漆保养，质量、安全依然上乘。广州经济发展快，人口增加多，交通高峰时间海珠桥非常拥堵，不堪负载。1974年对海珠桥进行了扩建，在原桥两侧加宽各11米的预应力钢筋混凝土结构桥，稍缓解了一下拥堵。1967年在沙面东侧河段增建了一条跨江公路大桥，名人民桥。改革开放后，20世纪80年代末在客村、二沙岛东端兴建了广州大桥，是斜拉钢索公路大桥。

20世纪60年代初，建成了连通广州至南海的可通火车和汽车的珠江大桥，此大桥由罗明燏设计和参与建设。

20世纪80年代末至今，广州陆续兴建了广州大桥、海印桥、鹤洞桥、洛溪大桥、番禺大桥等十多条跨江大桥，有些是高速公路桥。还有黄沙至芳村的江底隧道——珠江隧道，海珠广场至河南的江底隧道通地铁。今日的广州交通方便，经济发展快，远非昔日可比。中国的建设桥隧技术和速度令世界惊叹！

抚今追昔，今日的高速发展和繁荣离不开前人在艰苦条件下所做的努力和奉献，我们不应也不会忘却罗明燏先生修复海珠桥工程时曾付出的努力和所做的贡献。

修复南方大厦

南方大厦的沧桑

在老广州，南方大厦有着重要的商业地位，在老广州人心中，它是广州百货业的地标。

20世纪30年代前期，广东政局相对稳定。珠江三角洲河网灌溉利于农业发展，水稻、水果种植、蔗糖业、蚕桑业均有进步和发展。水运便利，促进城乡工商业发展。粤港澳工贸往来，相得益彰，民生安定，市场繁荣，又促使商业发展，先施公司、大新公司等商业巨擘应运而生。在大上海，南京路上驰名的第一百货公司就是当年的先施公司，是国内百货业执牛耳的企业。在广州，当年有名的百货公司有大新公司，公司属下有很多工厂，是大型的民族资本企业。

广州南方大厦前身为城外大新公司，于1922年建成，是一座12层的钢筋混凝土大厦，是当时中国的第一高楼。南方大厦坐落于沿江西路（旧称西堤），地处商贸和文化生活得天独厚的黄金地段。南方大厦南邻西堤、珠江；北面一路之隔是广州文化公园——旧称岭南文物宫，内有众多展览馆场、露天剧场、游乐项目等，是广州居民文化生活的重地。南方大厦南面之西是旧海关大楼，东面是新亚酒店、爱群大厦、博济医院（今中山大学医学院第二附属医院）。

这一带的建筑群，风格很像上海外滩。南京路一带的建筑群，有欧洲的建筑风格，楼顶有小穹隆圆顶。南方大厦一、二、三楼经营百货业，层高很高，九楼是餐饮业,名厨料理正宗粤菜,是饮茶、吃饭、办宴席的好去处。大厦楼高9层,加塔楼3层,一共12层,1~9层对民众开放,其余楼层是公司机构的办公室。20世纪30年代的广州大新公司业绩上乘,是华南地区享有盛名的大公司,广州百货业的龙头老大。

1938年日寇在广东沿海大鹏湾登陆,迅速北进,未几广州沦陷,城外大新公司遭日机轰炸焚毁,只剩下一座残缺不全的骨架。从此,广州人民在日寇的铁蹄下亦过着悲惨生活。抗战时期,多年闹粮荒,百姓在生存线上挣扎,何来余钱消费?百业萧条,大新公司也随之衰落。

抗战胜利了,但日寇的掠夺,八年全面抗战的消耗,使社会千疮百孔,民生凋敝。才刚刚喘息,内战又起,民生艰难。商业难以恢复元气。被大火焚烧的南方大厦一直搁置,如无用之物无人问津,真是令人扼腕叹息!它见证了广州的沧桑,时代的哀伤。

1949年金秋十月,迎来了广州解放,万众欢腾。大地从黑暗中苏醒,迎来了光明,从此社会安定,百业恢复。广大农民从土改中获得土地,勤劳耕作,自给有余,消费有钱。商业发展与流通可以促进工农业生产,相得益彰,形成良性循环。经济的稳定和发展,使巨型商业呼之欲出。这时有识之士和民众目光盯着被弃置的南方大厦,提出何不将其修复?

被烧毁的南方大厦

南方大厦的修复

1952年,广州市人民政府成立大楼修建委员会。广州市政府商业局、财政局、建工局召开多次联席会议,研究决定要恢复大楼的百货业,这无可争议,争论最多的是这宏伟的建筑遭到火灾焚烧重创,它安全吗?该拆掉重建?还是采取必要的"手术"治疗,让其"康复"?财政局长说:"现时本市财政很吃紧,做方案最重要的是有预算,才能衡量能够负担与否,倘若拆建必然耗资巨大。""安全第一,这大楼不拆,重启使用安全吗?"建工局的黄工程师说。最后朱副市长说:"安全问题,你说我说都不能算数,务必找个权威的专家'问诊'、检测、研判评估才算数。"

市政府同意了这个提案,上呈中南军政委员会。叶剑英副主席看了提案,连声说:"好,好,这是发展经济、民生的好项目。依我意见聘请负责修复海珠桥的罗明燏教授去主理这个案子。"

罗教授这个人闲不住,越是有重要委托越有干劲,越是难题越敢承担。他欣然领命,带两个助手携带必需的仪器、工器具进入荒废已久的大楼"问诊"。从一楼进入建筑物大堂,因没有电光照明,昏暗中,尚依稀可辨,满目疮痍,廊柱墙壁遭烟火熏黑。"可惜,可惜,纵火可恨!"头戴安全帽手持强光手电筒的罗教授和助手四处照射、仔细查看,一一检视,并作笔录,需要的地方,用照相机闪光拍摄,每一个角落都不"漏诊"。大楼的电梯遭火灾后已不能使用,上下楼必须从楼梯徒步,如是操作了三日,他又从市建工局和中山图书馆借调了所能找到有关大楼信息的文字资料研读,不放过任何一条信息,结合现场调查的情况作思考、研判。他又研读参考了国外权威的建筑科学杂志和论文,里面有大量资料介绍欧洲众多城市的建筑物因第二次世界大战或毁或伤于战火,战后重建时要拆建或大修,这里有宝贵的经验值得借鉴。

他调查大楼现场时,手持榔头,轻轻敲击柱子、大梁,仔细判断发声是清脆还是塌陷空洞的闷声,对被熏黑的部位用毛巾擦净,手持放大镜仔细检视,"诊断"一丝不苟。研判后,他大胆下结论,提议不必拆楼,宜作大修,安全有保障。

这时有个好心朋友悄悄提醒他:"你大胆下结论和提出重修方案,是要担负技术责任和安全风险的，修好了对你个人也没有什么收益呀。"罗教授笑着答道："我按科学规律办事，言之有理，凭之有据。我受任修楼，为人民服务，为广州添光，不计个人得失。"好友自惭语塞。

罗教授随即草就调查评估报告、重修的可行性报告，制订大厦不拆只作大修的重修方案。市政府召集有关部门专门开会研究，作了决议，同意罗教授的方案，并呈中南军政委员会。叶剑英副主席看后高兴地说："我就信得过罗教授，被炸断的海珠桥就是他担纲技术总负责人设计、施工修复的，干得又好又快。"对秘书说："下批文，按市政府决议办。"

罗教授组建一个设计班子，这个设计班子由广州市设计院、广州市建筑工程局的建筑工程、土木工程的专业人员组成。凭现场调研记录，哪些地方该补就补，该修就修。一、二、三楼按百货业营业之需做装修设计，九楼做餐饮营业之需设计。要拆换电梯，供水、供电、通讯、通风、排水、卫生设施、排污、消防等各项系统按部就班设计。除上述的楼层，其他楼层留够货仓外，都作公司或机构办公室功能设计，并做好工程费用之预算。重修施工顺利，快速进行，不久就顺利完成，工程质量经过严格检测和验收，达到设计要求，评价为优良。

修复后的南方大厦

1954年，大楼修复一新，命名"南方大厦"。剪彩开业之日，大厦悬挂彩球、庆祝开业横幅，还请来醒狮队表演舞狮助兴。当金剪剪开彩带，鞭炮齐鸣，锣鼓喧天，"狮子"翩翩起舞，紧随锣鼓的节奏，大量民众参与庆祝盛典并参观修复而重新开张的南方大厦，盛况空前，传为佳话。

自始每年春节或大的节假日，本城民众或四乡的农民兄弟如赶庙会般去游览、消费。游人如织，摩肩接踵，热闹非凡。省内各地民众来穗或省外来穗出差、探亲者必去南方大厦驻足消费。

改革开放后之南方大厦

改革开放之初，广东得风气之先，地处祖国南大门又毗邻港澳，民众不保守，天时地利，从计划经济过渡发展为市场经济，进展快速。南方大厦经营者改革经营管理，行销大量的生活用品，如尼龙布、化纤布料、牛仔裤、折叠伞等，销往全国。苏联解体、东欧剧变时期，百货用品奇缺，更带来商机，南方大厦抓住时机将日用品远销东欧、俄罗斯和中亚诸国。南方大厦曾有三年成为全国百货销量冠军，为行业之翘楚。抚今追昔，见证了广州兴衰和发展的南方大厦，当年修复工程虽不如修复海珠桥之艰难，但老一代的工程大师罗明燏先生凭他的智慧和付出的辛劳汗水完成任务，后人不应忘记。

汕头军用机场的设计和建设

新中国成立伊始，百废待兴。败退到台湾的蒋介石不甘心失败，企图破坏大陆的和平建设，不时派军机窜犯骚扰。为了解除远空来犯的威胁，决定加紧进行空防建设，在沿海各战略要地修建军事设施，兴建军用机场，用以抵御敌机的来犯和骚扰以及巩固海防。

1955年中央军委决定要在汕头兴建军用机场，筹建的前期工作任务落到时任广东省委第一书记陶铸的肩上。陶铸知道时任华南工学院院长的罗明燏教授20世纪30年代初留学美国就读麻省理工学院，学习的专业就是航空工程和土木工程，在抗战后期赴北美考察了美国和加拿大的航空事业，曾服务于美国航空委员会，专业技能高超。陶铸知人善任，认为聘请罗明燏设计机场是最佳选择，广州军区的负责人亦一致同意。陶铸书记派高参谋接罗明燏院长来军区开会，言明此意，罗院长欣然领命。

当时坊间传说罗明燏院长是中南三军的技术顾问，陶铸对他非常器重，每逢有国防建设工程的难题都找他咨询和帮忙解决。

罗院长收拾行李和备齐需用的地图和有关资料，带一名助手马上开赴汕头实地考察和踏勘。潮汕平原地处粤东与闽南交界的韩江三角洲，这里土地肥沃，人多地少，人均才两三分耕地，即使精耕细作，粮食也难自给自足，也有百姓靠海吃海以捕鱼为生，遇上战祸或灾荒，有一些人就远渡泰国、东南亚谋生，也有人经商发迹，香港巨商李嘉诚就是潮州人。

潮汕地区寸土寸金，欲找一块适合建机场的土地，又不与民争地实在不易。海边的滩涂尚未开发，又是没有居民住宅的大片土地，但这沉积、冲积成的滩涂上全覆盖着厚厚的一层软泥巴，如何在其上建设机场，真是个难题。

20世纪50年代中苏关系友好时，中国接受苏联的帮助，建成了若干大型骨干工业项目，对国防技术也有帮助。为了建设汕头机场，苏联也派遣了专家组来支援。经实地考察，苏联专家提出了他们的建设方案，要求必须先把滩涂的淤泥全部清除，铺垫上基础碎石垫，然后在这上面浇筑混凝土机场跑道。这样操作清淤工程至少费时半年以上，且需花费大笔的经费，另外淤泥的堆放也成难题。

在广州军区会议厅召开会议研究建设汕头机场时，筹建小组黄组长主持会议研讨建设方案，请与会者发言表达意见。高参谋是新中国培养、毕业于某航空学院的年轻人，他说："按常规办法是应该先清走淤泥，三通一平，然后才施工建设。"李参谋也附和："是啊，否则违反常规的施工建设程序。""那么按此方案要搬走多少淤泥？在这寸土寸金的汕头往哪里堆放堆积如山的淤泥？"大家你一言我一语热议。

罗教授仍沉默不语，时而拿着计算尺推拉或在笔记本上写写画画，似在苦苦思索，黄组长望着他说："我想听听教授的意见。"罗教授说："好，大家各抒己见，说得都有道理。我粗算了一下，这10万平方米面积的地域，按地质资料平均有6米厚的淤泥，即要清走60万方的淤泥。按现时清淤泥的设备和施工方法，主要靠铁铲、锄头挖掘，人力斗车搬运。清淤前要筑一围堰防潮水灌入，遇大雨要加强抽水，倘遇台风暴雨则停工，等雨过后才能继续动工，光是清淤工程最少要花一年时间。这堆积如山的淤泥不易找一个合适的地方堆放，且清淤的工程费耗资巨大……"

"那么不清走淤泥是否也可以建设？机场安全如何？工程的风险如何？"黄组长问。罗教授说："我留学美国实习、见习过不少美国的机场和大型工程，赴北美也考察过美国和加拿大的航空事业，参观了加国（加拿大）的军用和民用装备、设施和机场。我一直跟踪着世界航空技术前沿的信息，不久前美国Westergaard教授写了一篇论文讲关于地质、土壤力学和建筑力学的关系，对我有所启发。"

"这种理论对设计机场有实用价值吗？"黄组长问。

"我觉得这理论对本工程大有理论指导价值。"罗教授说,"我们把机场跑道比作一块巨大的混凝土板块浮铺在厚厚的沉积淤泥上面。……"

高参谋问:"这块巨大混凝土板块会不会像冰川那样滑动、位移?"

"问得好。我们在板块下先浇筑钢筋混凝土梁,构成方格,能承受住战机降落时巨大的冲击载荷,还需要打桩,把桩插入到坚硬的岩层,这样就不会滑动了。"罗教授说,"我们还要按标准设计,预防十二级台风、七级地震及海啸,要都能扛得住。"

"这样设计是技术创新,但是风险如何?"黄组长问。

"我们可以设计和做一个模型试验,就好比设计一款新型飞机,务必按比例缩小尺寸造架样机放在风洞里做模拟试验的检测和评估,风险可以降到最低。"罗教授说。

"实践是检验真理的唯一标准。""好办法"。高参谋、李参谋异口同声说。

会议结束,罗教授马上草拟设计方案,简述设计依据以及绘制简单草图,向陶铸书记和广州军区领导汇报。陶铸书记和军区领导及黄组长立即赴北京向中央军委汇报并等候审议。

半个月后,黄组长再召集机场筹建小组开会,传达了军委的批复——按国内专家的方案设计和建设。大家均感欢欣鼓舞,罗教授平和的心态显得更放松了。

这时几个参谋你一言我一语聊起来。

"还是罗教授的方案行,优于'老大哥'(指苏联)的。"高参谋开腔,"我听说军委会议上彭老总很感慨地谈起抗美援朝战争,美军仗着绝对的空中优势,狂轰滥炸,志愿军打得很艰苦,在极困难的条件下,抗击打败美军……我们中国人就是有志气、有自信嘛。'老大哥'的方案和我国专家的方案作比较,我选择我国专家的方案。"

"待建好了机场,当雷达站侦知台湾的军机来犯,我方的战机立即升空迎击,叫他有来无回!"黄组长说。

机场建设的重任落到了罗明燏教授的肩上。当即由他成立一个设计班子领衔设计,设计任务快速顺利完成。然后组织施工建设。施工期间,常有台湾军机来袭。往往炸弹碎片还在冒烟,罗教授即出来检视观察。一年后机场竣工,使用效果理想,沿用至今六十多年。20世纪70年代后,机场从纯军用改为军民两用,并且自重和体积比战机大很多的波音747民航客机也可在汕头军用机场安全起降。原中国人民解放军空军副司令员、空军中将林虎在接受凤凰卫视采访时讲道,自从有了此汕头军用机场、佛山沙堤机场和福建一军机场之后,人民空军当年已完全压住了美蒋军机的滋扰破坏,保障了国家和人民的安全,大有利于我国的和平建设。

顺德人民礼堂建设

顺德县（今佛山市顺德区）是广东珠三角经济最发达的县之一，地处冲积平原，土地肥沃，河涌成网，灌溉和水运方便，农业种植甘蔗、水稻、热带水果等。顺德人把低洼地、水泽地开发成桑基鱼塘、蔗基鱼塘，桑蚕业、淡水养殖业兴旺，当时广州市居民消费的淡水鱼70%由顺德供应。丰产的甘蔗、蚕茧原材料促成顺德拥有多间大型制糖厂、缫丝厂、丝绸厂。顺德临近广州、香港和澳门，商业流通方便，加上顺德人勤劳、善经商，香港的房地产大亨、珠宝金饰业大佬不乏顺德人。

1958年，顺德和番禺两县合并，改名为番顺县，县政府设在顺德。当时顺德有15个大公社、250多个生产大队，每次县委召开会议都是县、公社和生产大队三级一起开，参会人有几千人，而当时顺德根本没有可用来开这样大会的场地，很多时候就只能去钟楼公园足球场开露天大会。为了解决这一难题，顺德县委、县政府提出自筹经费拟建一栋可容纳五千人的大礼堂。议案在县人大审议通过后呈佛山地委和广东省委、省政府审批，顺利通过。

顺德县委书记兼县长张穷民知道华南工学院罗明燏院长是土建工程的大师，就亲自出马上门请罗院长"出山"帮忙建设顺德人民礼堂。罗院长也不推辞，他随张书记乘车到顺德县城大良镇现场考察。根据县政府建设规划，留置待建的这地块所在的位置和大小均合适。

这时已近晌午，张书记请罗院长去清晖园小酌。这清晖园是珠三角四大名园之一，它类似苏州园林，有湖水岸柳、亭台楼阁、水榭假山、太湖石、风景秀丽的庭院，是个休闲、亲友聚餐的好地方。张书记引罗院长到一雅座餐室，到席的还有林副县长、建工局局长、财政局局长、工商银行顺德分行行长，张书记把他们一一介绍给罗院长。

席间，大家议谈建设礼堂的正经事，罗院长嘱建工局黄局长立即请钻探队钻探待建地块，获取地质数据后立即传给他；同时请联络建筑基础施工队准备进场打桩。一获取地质报告，马上绘成打桩施工图，施工队按图打桩。他组织一个设计班子进行设计，并做财政预算。

顺德建工局请了广东地质钻探队按罗院长传来的钻探布点图钻探。这冲积平原的冲积厚度在不同位置是不同的，罗院长设计班子根据地块不同位置的钻探数据选取不同长短的钢筋混凝土桩，并按坐标以及对应的桩柱进行编号。罗院长把打桩施工图及时传给顺德建工局，请省建公司的基础分公司进场打桩，随着有节奏的咚咚响声，工地上两台打桩机一锤一锤把桩柱深深打进地下。

顺德人民礼堂依其地形设计为正八边形平面，共设24条基础桩，支撑整座建筑物重量。桩基和桩基头铺设厚厚的混凝土垫，基桩间用圈梁连接，使整个基础连成一个整体，可避免建筑物局部下沉不均而引起应力集中。

在1958年，世界上还没有公式可以直接测算八角形建筑结构，这让礼堂的建设难度倍增。为了解决这个世界难题，罗明燨院长与邝正文教授在参考了广州中山纪念堂和重庆、昆明抗战胜利纪念堂等资料后，提出了一个大胆的设想：以圆形代替八角形进行纸面公式推演。经过整整一本书厚的公式计算，全亚洲最大的大跨度钢筋混凝土薄壳拱顶方案脱胎而出。

大厅是礼堂的建筑核心，顺德人民礼堂内部没有支撑屋顶的柱梁，圆形穹顶的跨度宽达55米、高25米，是当时全国最大的薄壳结构，也属于国内首创。即使在今天看来，被称为"大薄壳"的穹顶依然巧夺天工。为了通风采光，在钢筋混凝土薄壳穹顶设计了一个直径为5.4米、高1.3米的通风窗，周围还开了8个大采光窗。

图纸设计好了，施工亦是关键。施工队同时在24根基础桩上浇筑粗大的直柱，到某高度后，浇筑连接直柱的柱头，沿弧面穹顶弧形曲梁伸向穹顶的中央，这是施工最为关键步骤，采用24小时分三班日夜不停作业，直至薄壳结构穹顶浇筑完成。若把这个弧形弯梁比作地球之"经线"，则需相应浇筑两圆圈不同直径、不同高度位置的"纬线"小梁来连接弧形"经线"弯梁。之后，支撑搭好模板，铺扎小钢筋，在这模板上浇筑混凝土薄壳结构穹顶。

为保证质量，每一施工阶段使用的水泥混凝土均制成试块送广东省硅酸盐所检测。建设礼堂的关键材料，钢筋选用武汉钢铁公司产的钢锭，由广州捷和轧钢厂轧制，水泥选用广州西村水泥厂生产的600#羊城牌水泥，石渣选用广州东郊岑村石矿场的优质花岗岩石渣，沙选用东江河床的河沙，以确保质量。

当主体建筑竣工后，下一步是装修工程。礼堂按大会堂与歌剧院的功能进行声学、电气、通风、安全、供排水、卫生、排污等设计和施工。为了让礼堂内部通风凉爽，设计采用"地道战"方式，在大堂座位下面挖通风道。考虑到清理问题，通风道宽不少于0.8米、高度不低于1.8米。

1959年10月1日，历经11个月的施工，顺德人民礼堂投入使用，成为当时全国规模最大的县级礼堂，引起全国轰动。据罗明燏院长回忆，在礼堂落成不久，顺德县（今顺德区）在会堂召开人大和政协会议，当时县政府为了显示该县的建设成就和活跃气氛，特安排与会代表2000人从建筑物外墙简易钢梯登顶。

当罗明燏院长知道这件事时，大吃一惊，立即吩咐登顶人员有序撤回地面，并嘱咐今后除了专业人员或有特殊任务，其他人员不能随意登顶。

事后罗院长解释：登顶2000人，人均体重按50公斤计算，总重100吨，这建筑物之薄壳穹顶的设计和施工是没有100吨的额外负荷的，突然增加100吨荷重怎不叫我吓出一身冷汗！幸好这建筑物从设计到建设施工、建材选用都做到了一丝不苟，质量上乘，毫无瑕疵。

顺德人民礼堂，其跨度55米的薄壳结构是当时全国之最（1959年）

自此，顺德人民礼堂成了当地的地标建筑。它的模型被送到北京及伦敦世界建筑博览会上展出。这项工程的设计推算过程，由罗明燏院长和华工土木系邝正文教授写成论文发表在《土木工程学报》上。薄壳结构被载入大学教材《钢筋混凝土结构》一书，成为中国当代经典建筑案例之一。

珠江大桥的建设

　　珠江大桥是位于中国广东省广州市的一座跨江桥梁,因跨越珠江而得名,于1958年10月19日动工建设,1960年10月1日通车。它是同一个平面的公路、铁路大桥,分独立的东桥、西桥两座桥。东桥由中山八路跨越珠江至大坦沙岛,长约336米,通航净高8.5米;西桥由大坦沙岛跨越珠江接广佛公路和芳村大道,长约415.5米,通航净高6米,桥宽23米,两桥距离为1.5公里,中间是一条双轨铁路——广三铁路,两侧为单线公路及人行路。建成以来,一直是广州通往粤西地区的必经之路,并且是当时芳村唯一的陆路通道。自从珠江隧道、鹤洞大桥通车后,珠江大桥的重要性逐渐降低,车辆可改行其他通道,市民更可搭乘地铁出行,但由于交通极为繁忙,大桥每天仍然是车水马龙。珠江大桥两旁已建新桥,机动车可以从新桥通过,旧桥不再让机动车进入,为非机动车和行人专用道。

　　广东河川成网,又有很长的海岸线,从省城水运可通达70%的县市和抵达港澳。水运成本虽低,运输量可观,但水运受台风、汛期的影响。物流的陆运,广三铁路在清末修通,民国初期完成全线改造,但广州的起点却在与城区隔江相望的芳村石围塘,广州、佛山等地的往来物流,很多要靠码头装卸驳接、储放。如果在广州西郊河段和南海黄竹岐(现黄岐)白沙河段架起铁桥,不仅方便了人流、物流,使物流直通,而且将大大节省物流成本。

　　1933年左右,陈济棠主政广东时,曾着手在位于荔湾区西边的泮塘、大坦沙、滘口之间的珠江东西两条支流处兴建一座桥,当时名叫"西南大桥"。可是历经几年,仅仅筑起了四个桥墩就停工了。

新中国成立后，党和人民政府为了加强广州与珠江三角洲地区的联系，决定在大坦沙动工兴建一座铁路、公路两用桥。于是省委、省政府召集交通、财政等相关部门召开联合会议研讨兴建珠江大桥，呈报中央建委、铁道部、财政部审批，很快得到中央批准。

当时在广东主政的陶铸书记为了修建珠江大桥，他咨询时任华南工学院院长的罗明燏。罗院长爽朗答道："建桥技术和能力绝无问题，这项工程好就好在已有现成的铁道桥梁的桥墩。那是二十世纪三十年代，陈济棠主粤时建好的，本来就要架桥，可惜面临日本入侵而停建。1938年广州沦陷，抗战胜利后经历三年内战，建桥工程一停就是二十多年。"

"建设珠江大桥你有把握吗？"陶书记问。"要我承担此事，还是可以胜任的。1950年限期修复被炸断的海珠桥，困难可大，当时的施工设备、施工技术远不如今，我承受的压力不轻。在党的坚强领导下，全体工程技术人员和修桥工人日夜奋战，不足百日就修复了，如今条件好多了，建议立即成立建桥的领导班子，我组织一个设计班子搞设计。"

罗院长点将，要广东省建筑设计院的陈工和广州铁路局的李工做他的助手，他俩是罗院长的高足门生。再从一些设计院抽调人员，充实和组成了一个设计班子。他们调阅了民国时期建设桥墩的档案资料，仔细查阅建桥河段的百年水文和气象资料，借阅参考了钱塘江大桥、武汉长江大桥的技术资料，经研究、讨论方案后，设计人员着手设计。桥墩之间的钢梁为简支梁，新方案采用在两墩间上空构建梯形弓背状桁架以增加桥板负荷能力。凡浮吊起重设备能吊起的施工构件均在岸上工地制作，无法装吊的构件就在河面上空作业，直接架设或焊铆。设计图纸、施工方案及编制一一完成后，就开始建设施工。

开工前，罗院长向承建方交代该工程及设计的特点和要领，当场讨论和答疑。之后罗院长给与会者讲了个小故事，"三十年代我的恩师茅以升先生设计和建设难度很大的钱塘江大桥，施工时遇到不少困难都设法一一克服，按期建成通车。大桥运营才一年，全面抗战爆发，沪淞战役失利，日寇重兵进袭浙江，茅先生和当局忍痛炸断大桥以阻滞日军进兵，而抗战胜利后很快修复大桥。鲜为人知的是设计时已'暗藏玄机'，日寇来时很方便断桥，打败日寇修复大桥也快速而顺利，这是他的爱国之心和设计的巧思杰作，堪称一绝。我

珠江大桥（摄于1960年）

现在设计的珠江大桥与茅先生设计的钱塘江大桥相比，只能称之为'小菜一碟'。大家有信心把珠江大桥按质、按期建好吗？"承建者众呼："有信心！我们要学习茅以升大师的爱国主义精神！"

大桥经过八个多月的紧张建设，1960年6月15日主桥工程竣工，1960年10月1日顺利通车。通车日的盛典这里不加赘述。罗院长忆述起20世纪30年代他经历的全线改造广三铁路之后段，骑着单车到现场巡视、督导，与工人在甘蔗叶搭盖的工棚前蹲地用餐，与那时的情景相比，建珠江大桥的条件优越多了。去大桥施工现场指导有小车接送，有正规的工地食堂用餐。

笔者于1961年曾徒步从中山八路西走上大桥，踏过东桥，下桥走过大坦沙，再上桥走过西桥到南海黄竹岐，一路上既饱览大桥之雄姿，又远眺珠江流经广州和南海城区大地。20世纪80年代初，我与罗院长访谈才知道这座大桥也是他的杰作。

其他工程项目概述

前面已讲述罗明燏先生主持设计和参与建设工程的事迹，如东莞糖厂建造、广三铁路改造、修建海珠桥、修复南方大厦、汕头军用机场设计、广州珠江大桥设计等，这些是他生前向我讲述的。而他在工程上更多的杰作和业绩，是由他的儿子罗征援向我提供或从新闻报道信息中获知的。这些事迹有些鲜为人知，这里只能作概述，无法一一罗列，现把这些工作分为几类列出。

国防工程设计的高手

1949年，应广州建设局邓垦局长之邀，参加广州某防空洞设计。

1949年，受邀参加检查广州某地下武装库、战备防空指挥部工程的安全。

1950年，应海军孙长江部长之邀，参加黄埔船厂船坞重建工作。

1951年，为我国海军设计修复了一艘二战时被美军击毁拖回广州

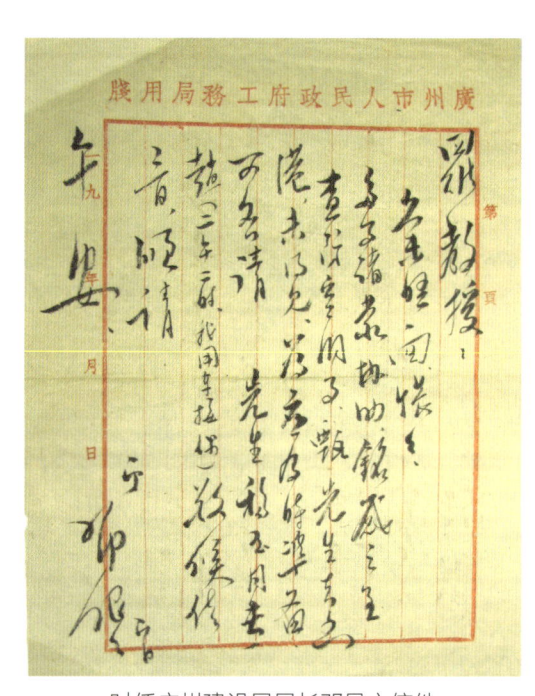

时任广州建设局局长邓垦之信件

的日本驱逐舰，修好后能服役使用。

1951年，应中南军区闵兰俊部长之邀，到湖南衡阳设计15个地下油库（1953年完工），空军总后勤部石部长亲自验收，并写信表扬称已节约了100万元，是新中国成立后首次成功设计建成的地下油库。

1954年，按原设计图纸，在江西上饶又建了一大批地下油库。

1954年，受交通部谭真副部长邀请，任顾问为南海舰队建造广东湛江军港。

1955年3月，为我国空军设计了位于汕头海边滩涂的军用机场，省了150万元（已详述）。次年空军进行质量检查，未发现有裂纹和沉陷。

1958年，应空军工程部张祥甫之邀，到广东佛山某军用机场检查飞机跑道开裂情况，并提供补救办法，效果良好。

1958年，设计广州军区体育馆薄壳结构。

1958年，参与筹建广州文冲船厂及其18 000吨船坞。1973年底，曾临时被邀参加第二期25 000吨船坞筹建设计会议。也许是因为罗明燏当时被打成了"反革命"，以后的建设就没被邀请参加。

1961年，由广州空军张副部长陪同，去湖南某地检查地下飞机库施工质量并提出建议，效果良好。

1964年，在上海出席船舶力学会议，接受海军数项科研项目，年限8年。科研延续至1966年"文化大革命"发生，被迫终止而无法恢复。

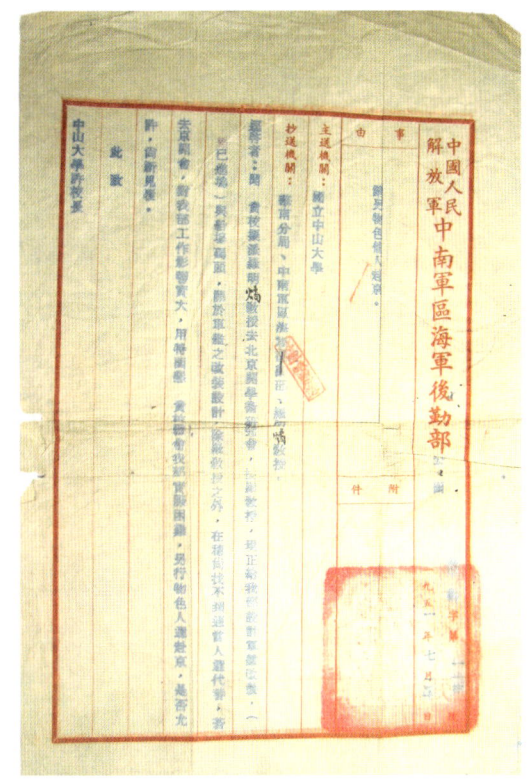

解放军海军后勤部信件

勘察选址，筹划审核重大工程

罗明燏先生任职华南工学院院长，是一级教授，他领导大学的教学、科研，还要带研究生，完成教学授课，工作满负荷。除此之外，他还担负了大量的工程设计、审核、施工等额外工作。那个时代是没有额外酬劳的，不仅辛苦还要承担技术责任，但罗明燏先生毫无怨言。

1956年，广东建设从化流溪河水电站和河源新丰江水电站，他参加了大坝的选址工作。1963年，参加了东江—深圳供水输香港重大工程的沿线勘查选址，并参与工程计划审核。这些重大工程是投资过百亿或几百亿的大项目，设计者、参与者、审核者的责任是很重的。

罗明燏先生1932年留学麻省理工学院，恰逢美国在建著名的胡佛大坝水电工程。他有缘去现场参观施工，并研究过该工程。他的知识和智慧在祖国建设水电水利工程时得到了发挥。

在学术活动方面，1959年中央建筑工程部成立学术委员会，罗明燏任委员，与何广乾先生一同主持结构组。其他如省市一级各类学术协会、科协他也兼任职务和参与活动。

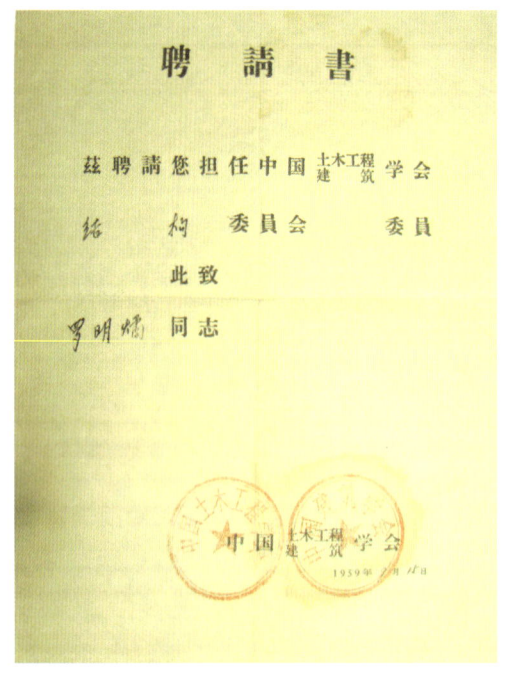

土木工程学会聘书

担任广东省工程技术职称评定委员会主任委员

1962年，聂荣臻元帅主持的全国科技工作会议在广州羊城宾馆召开，讨论的内容包括"两弹一星"项目的长期规划等。与会者是全国大学的一、二级教授和专家学者，罗明燏参加了会议。

民用、市政工程设计与建设

● **政府大楼、宾馆类**

1959年，参与设计广州珠江宾馆，设计结构部分和连接桥梁。该宾馆昔日是中央首长来穗下榻处。

1960年，参与设计审核广州军区10栋元帅住宅。

1960年，设计广州军区后勤部礼堂大跨度看台。

1953年，指导广州市设计院为市防空指挥部设计地下指挥所。

1955年，担任建造广州市苏联展览馆技术委员会主任委员，负责结构设计及审核。

1955年，设计广东省科学馆礼堂22米跨度刚架结构。

1955年，审核广州市体育馆51米跨度刚架结构。

1955年，协助设计广州市华侨大厦，主张不照搬苏联经验，必须打桩以获得良好基础。

1955年，建造广州市苏联展览馆，力排苏联专家提出的清走淤泥、排干地下水的方案而采取打桩的地基，节省13万元。

1956年，协助设计广州市中国出口商品交易会陈列馆顶楼网格结构。

1959年，设计广东顺德县人民礼堂的薄壳结构，跨度55.15米，是当时全国跨度最大的薄壳结构（前面章节已详述）。

1964—1965年，参与广州宾馆（共27层）的审核工作。

1972年，参加广州市外贸基建办召开的四个外贸建筑的筹备会议，扩建东方宾馆，建设白云宾馆。

1973年，审查广州白云宾馆结构设计部分，并提出书面意见。

● 工业厂房设施、船坞

1955—1957年，周恩来总理批示拨资1300万元，扩建广州重型机械厂。当时广州各设计部门的工作已满负荷，重型机械厂厂长叶修青亲自组织设计小组请罗明燏担任总顾问。罗明燏负责审核工作，圆满完成。

1950年，顺德糖厂压榨机基础破损，负责检查后主张不需拆换，节约4个亿（旧币，折合人民币400万元）。

1950年，设计市头糖厂锅炉房，省了钢材。

1952年，协助广州紫坭糖厂勘定压榨机位置及设计基础。

1954年，参加广州造船厂的船厂及船坞筹建工作，在短时间内审核完毕船坞围堰设计，使其能在国庆前投产。

1954年，广州造船厂建成，参与检查质量并提意见。

1954年，协助轻工设计院解决广州造纸厂扩建的一些厂房结构问题。

轻工部设计院技术委员会委员聘书

1954—1955年，检查了广州市内许多因沙基础产生质量问题的厂房、楼房，提出权宜的补救办法。

1955年，南海糖厂开建，确定压榨机基础位置。

1956年，鉴于效法苏联的沙基础不适合中国国情，罗明燏实事求是，向省市设计院、轻工设计院建议不要采取沙基础。

1957年，应邀赴广州重型机械厂考察大型水压机基础施工，并提出意见。

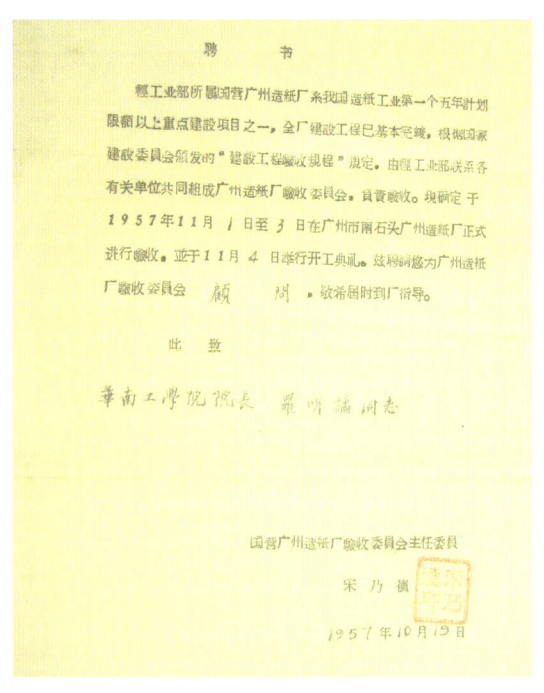

广州造纸厂顾问聘书

●诊治"有病"及事故工程的"良医"

中国古代问诊,判断病案和医治病患的名医扁鹊、华佗,他们的诊断及治疗神奇又传奇,被誉为神医。

罗明燏则对"有病"(有问题)的工程及有隐患的工程问诊,判断非常准确,对有病的工程提出"治愈"的补救方案,如给病人开处方,"药到病除"。

日本侵略者轰炸广州时南方大厦遭火灾,被焚后一直搁置,经罗明燏"问诊"(调查研究)认为其结构未严重受损。大胆提出不必拆除重建,只要"做手术"能医好,经彻底大修,安全无恙。使用至今七十多年,仍状况良好(此工程前面已详述)。

1949年10月,国民党败退,炸断广州海珠桥,罗明燏担纲"问诊",大胆下结论,大桥不必拆除重建,宜做一个大手术,可修复。临危受命,担负设计和技术总负责人指导施工。在党政坚强领导下,军民齐心协力,工程技术人员、工人奋力拼搏,不足百日把大桥修复通车(此工程前面已详述)。

1952年,检查广州市五仙门透平机基础质量事故,确认可用,判断正确。

1952年,广州南方日报大楼建造时地基下沉,经罗明燏检查、研究,提出建议,工程得以圆满竣工。获奖一台五灯收音机。

1953年,湖南湘潭发电厂建成后,其刚架结构发生开裂,经罗明燏"问诊",计算后,提出加固方案,"治病"后一直运行良好。

1954年,善后处理交通部广州船舶修理厂厂房基础质量事故,"药到病除"。

1953—1954年,对新建广州紫坭糖厂的厂房仓库质量事故做检查,提出修补意见,"药到病除"。

1954年,协助广州市设计院及广州西村水泥厂检查水泥厂储罐质量,证实可用,判断准确。

1954年,广东省建工局因采用苏联的办法,采用砖壳结构建造黄沙货仓而发生事故,罗明燏去检查,采取补救办法,"药到病除"。

1954年,广东省委办公楼地基下沉,经罗明燏检查研判,认为无大碍,判断准确。

1958年,应江西省省长邵式平之请,赴江西南昌处理省委办公大楼建筑质量事故,提出补救的意见、方案,"药到病除"。同期一并察看庐山大坝及其他项目工程。

1958年，应空军工程部张祥甫之邀，到广东佛山沙堤军用机场检查飞机跑道开裂情况，并提供补救办法，效果良好。

1958年，新丰江水电站（广东最大的水电站）动工建设，罗明燏受邀去检查工程质量，发现使用无标号水泥。为消除隐患，不怕得罪人，力主拆除重建已施工部分。该电站于1962年因河源发生地震，水坝开裂，罗明燏及时赶赴现场"问诊"，"开出处方"提出加固补救意见，化险为夷。

1961年，由广州空军张副部长陪同，去湖南某地检查地下飞机库施工质量并提出建议，效果良好。

1972年，参加国务院交通部在广州召开的广东省龙川县彭坑大桥事故处理会议。该大桥在浇注混凝土、保养期满拆除模板时倒塌，当场死伤百余人，酿成当年全国最大的工程事故。罗明燏与专家们去现场"会诊"。此工程是一无图纸，二无技术，钢筋太稀少造成的。

华工校友会会长蔡建中先生讲述他的某位亲人建好一栋多层建筑物，当大吨位载重车经过时，建筑物似有摇晃感，请罗明燏先生帮忙"诊治"。罗先生去现场察看，并检视图纸，提议在建筑物某角位基础补填混凝土，果然"药到病除"，一直安好无虞。蔡先生赞罗明燏是有病工程的"良医、神医"。

工程、建筑物患病或发生事故的原因有主观的也有客观的。主观的如设计上有错失，或不顾国情、地质条件，照搬外国经验，或者施工方法、程序有误，建材质量不达要求，或以次充好、偷工减料等，若按科学规律办事，可以免除。客观原因是"天灾"，如遇地震、洪涝、水文地质活动引起变化，难以预测，靠灾后补救，但在工程设计时仍可设防，预防"天灾"。

罗明燏搞设计、建设，作风严谨，讲科学，讲真话，实事求是，不怕碍面子，不怕得罪人。在技术上坚持正确意见，无欲则刚。如在察看浇筑新丰江水库大坝时，坚持拆除无标号水泥浇筑的混凝土，哪怕丢掉自己的职务或"乌纱帽"也不退让。他一身正气，有古圣贤的风骨，垂范后世。

以上所叙，只占罗明燏在新中国成立后经手的200多项工程的一小部分。他的这些工作全是无私奉献，分文不取，但他仍乐意承担重任，就是希望能促进自己的祖国繁荣富强。

蒙冤昭雪与晚年生活

三年"五七干校"生活

下放干校

1966年5月7日,毛泽东主席给林彪写了一封信(简称"五七指示")。在这个指示中,毛主席要求全国各行各业都要办成"一个大学校","学政治、学军事、学文化、又能从事农副业生产。又能办一些中小工厂,生产自己需要的若干产品和与国家等价交换的产品","也要批判资产阶级"。1968年5月,黑龙江省革命委员会根据"五七指示",组织大批机关干部下放劳动,在庆安县的柳河办了一所农场,定名为"五七干校"。此后,各地纷纷办起"五七干校"。中央和地方党政机关、高等院校、科研文艺事业单位的大批干部、教师、专家、文艺工作者被下放到农村"五七干校"进行劳动改造,从事农副业生产和革命大批判。"文化大革命"结束后,1979年2月,国务院发出《关于停办"五七"干校有关问题的通知》,各地"五七干校"陆续停办。

1966年6月,全国学校停课闹革命,成千上万学生在全国大串联。在很短的时间里,由学生成立的"红卫兵"组织蜂拥而起,到处揪斗学校领导和教师,一些党政机关受到冲击。1967年1月,上海市的造反派组织夺取了党政机关领导大权,这就是"一月风暴"。1月中下旬,"一月风暴"的影响很快就扩展至全国,接着全国各地形成了对立的两大派群众组织,并发展成武斗的局面。当年秋冬费了很大力气才止住武斗,收缴散落在民间的枪支。1968年9月,全国各省、市、自治区先后成立了革命委员会。

1969年按照"五七指示",党政机关干部、大学教师除了老弱病残者外全体下放"五七干校"劳动,历时近三年。1969年10月,林彪下达"一号命令",为防苏修突袭,很多高校搬离疏散,离开大城市。1971年9月13日林彪因阴谋败露乘飞机外逃,在蒙古温都尔汗坠机死亡。

1966年"文化大革命"一开始,罗明燏就被打成华南工学院第一号"资产阶级反动学术权威",被下放到粤北山区韶关的枫湾干校。下放干校就是离开城市去干校参加体力劳动和改造思想,赴干校的人们用草席或床单包裹好被铺打成背包,提个镀锌铁皮水桶,携带简单行李和必需的日用品集体开赴干校。

自动减薪

在动员下放"五七干校"时,华工革委会召集了一些领导干部、教授、讲师开会。主持者说:"我们马上就去干校劳动,住食都是靠大家干出来的。生活方面除了购买十几元钱集体食堂的饭票及需要的肥皂、毛巾、牙膏、香烟等日用品开销,没有其他消费开支。你们高级知识分子领的薪水高,现在国家有困难是否自愿酌减薪水。"一时间鸦雀无声。沉默了一会,冯秉铨教授开口,"我自愿减薪至初级工人水平,领月薪38元/月。"接着又有一些教授响应。罗明燏先生见此形势,虽知家中的经济情况,犹豫片刻,还是心一横说:"我自愿减薪至月薪40元/月。"他心里却犯愁,我不打紧,可难为了自己的妻子。她没有工作,无收入,且家里历来没什么积蓄、存款。"走着瞧吧,天无绝人之路。"他心里如是想。三年干校生活就是领月薪40元/月,那些日子多亏了很有孝心的儿子罗征援,每月一领薪水马上寄钱回去给妈妈,他当时在部队农场锻炼,每月工资46元,除了用十几元买饭票、花几元钱买必需日用品外,余数全部寄回奉养母亲。

三年干校劳动的减薪期结束,罗明燏意外地为自己储蓄了一笔款。在结束干校生活、集体回城回校后,国家落实政策,学校方补发退还了三年少发的工资给个人。罗明燏先生获退一万多元,这在当时是一笔很大的数目。罗明燏先生喜欢安静,用这笔款购买了位于广州小北路的一座旧式带小花园砖墙瓦顶的平房居所，搬离了文明路旧中山大学大院宿舍，放弃了公房廉租的待遇。他在这自购的居所居住至辞世。

劳动、学习与生活

去干校就是"干"，就是参加集体生产劳动。华南工学院的"五七干校"位于粤北韶关市离城20公里叫枫湾的一片荒野之地。学员们在校革委会干校领导小组的领导下，有规划、有序地进行建校工作。首先伐竹木搭建屋架，然后用茅草盖顶，搭墙，盖成可以遮风避雨的临时茅舍，先安顿住宿；接着打土坯砖砌墙或泥土干打垒筑墙，上盖瓦顶，搭建成了比较好的房舍。别看这些知识分子体力不强，但他们凭知识和头脑，将建设有条不紊地向前快速推进。他们同时在小丘陵间稍开阔的平坦地开荒耕田，种水稻、红薯、蔬菜，力求自给自足。年轻体壮的做体力较重的活，年老体弱的干稍轻些的活。大家在田野上，日出而作，日落而息。一日三餐都吃集体食堂，晚上通常要分组集体政治学习一至两个小时才就寝。开会内容一般是传达上级的指示或读报或听广播；讨论劳动心得或思想改造收获。初到干校时，电力、邮政、电话均未通。晚上分组学习时，大家围坐在那火光如豆般昏暗的小煤油灯前；若分片开大会则点几盏明亮的"大光灯"，那是烧煤油、手动打气的煤气灯，光亮度不亚于电灯。干校每天有专门通讯员往返韶关市和枫湾两地，传递信息、电讯、邮件。

学员下放干校，远离城市，离别家庭儿女、配偶，不少学员未免有些牵挂和惆怅，但又无可奈何。年过花甲的罗明燏先生由于去干校自愿减薪，经济上无多少余力支持留在城里的妻子，因而感到愧疚又无奈。他在干校被分配的劳动岗位是照看五头牛，算是关照他年老体力弱。每天早晨从牛棚放出牛只，赶着去山坡草地自由觅食，或到干净的小水塘、小溪饮水；傍晚让牛群回归牛棚。每日要清走牛棚内的牛粪，如是日复一日，日出而作，日落而息。

每逢春节或放长的假期，安排好轮流值守，学员也可以请假回广州休息或与家人团聚几日，这就是三年干校的常规生活。

"文化大革命"持续十年，这十年里没有增加过工资，大多数就业者工资水平是月薪几十元，要支出个人或家庭的衣食住行的开销，实在是紧巴巴的。对于抽烟者，买烟是一项必需的消费，经济不佳的瘾君子也有他们的办法。

广东有两个地方种植烟草，鹤山种植红烟，南雄种植黄烟。当地有小土作坊加工，把烟叶用竹编夹子夹平、晾干、切丝包装成土产商品销售，这土烟丝叫"生切"或"熟烟"，很便宜，面向和适销于低收入的工农大众，与此配合使用的还有小薄纸片，抽烟者自行卷用，戏称这土法自卷的烟卷为"棺材钉"或"大头熟"，这种烟够经济但不潇洒体面。吸烟者每月花五、六角钱即可对付。

那时要"天天读"，每晚要政治学习两小时，闷坐在那，不抽口烟不知该如何打发时间。小组学习时也有人抽竹筒水烟，叫"大碌竹"。在两广、云南、贵州比较盛行，小杂店有此物售卖。一根口径约8~10厘米、长约50厘米的竹筒，筒内打通竹节，里边盛水，竹筒中间开口插一支小竹烟斗，使用时捏一小撮烟丝放在烟斗口，用线香或打火机点燃烟丝，抽烟者把嘴巴腮帮贴紧大竹筒口使劲猛吸，水在竹筒内翻腾，咕噜作响，烟气直下丹田，不善用者或初次抽用者会感到晕眩。每当小组学习，男性与会者轮番使用，小会场内烟雾腾腾，这根"大碌竹"是最忙的，是一道独特的风景。

罗明燏先生不会抽"大碌竹"，也不擅长自卷"大头熟"，于是消费八分或一角钱一包的经济烟。那也是正规卷烟厂生产的，为低收入普罗大众所用，那时高档的"大前门"20支装每包才三角伍分。有一天罗明燏先生收工回舍后，晚间发现手失了五角钱，回忆起来断定是在收工回舍的路上掏口袋时不慎失落的，翌晨循昨日收工走过的小路寻找，果然那五角钱就是丢失在路上，失而复得也值得高兴。当时手头实在太拮据，而五角钱可购买五包经济烟，可供10天之用。

罗明燏先生因每天的放牛活动，胃口奇佳，晚饭过后，还得买两木薯糕吃，才觉得饱，这样身体也有点壮实了，这也许就是去干校的好处吧。

"文化大革命"那些年头，知识分子是"臭老九""资产阶级学术权威"，需要接受工人阶级再教育，工宣队是再教育的执行者。被选派去教育"臭老九"的队员多是"阶级觉悟高"的积极分子，他们把"阶级斗争一抓就灵，要年年讲，月月讲，天天讲"牢记心中。在枫湾"五七干校"的工宣队中，有一个年轻人小王，最喜欢讲斗争，着了迷，成天想怎么找机会斗有臭资产阶级思想的"老九"。而他正好是负责宣传教育罗明燏先生和几位老教授的。一天，他灵感一动，"有了，我就怀疑老罗不好好看牛，不善待牛只，有虐待牛只之嫌，这不就是阶级报复？这不就是阶级斗争新动向？这就有斗争的机会了，这我就有斗争的成绩了。"他如是想。

晚上小组政治学习时，小王发难了，"如今有人不好好干活，拒绝改造，这是资产阶级思想作怪。……这是阶级斗争新动向的表现。"停顿一下，目光扫视所有与会者。学习小组的组员多是教授、教师，不少人是"老运动员"了，经历过不少政治运动，一听小王的话，知道不对劲，不知谁犯了错，倒霉了。顿时鸦雀无声，面面相觑。这之后小王盯着罗明燏先生说："派你看牛，你有无偷懒，不好好照看，不善待牛只？"罗明燏先生受此突袭，先是一愣，短暂沉默思考应对。然后心平气定说："我每日都细心照料牛群，让牛吃饱喝足。此话何来，可有根据？""依我看牛只瘦了，不是膘了……"性急又有点头脑简单的小王未料到罗先生会回敬他，于是说："明天去检查一下牛群。""欢迎！最好请分片领导和熟悉牛性的兽医技术员同来。"罗明燏先生说。

次日小王依约请了两位分片组长和兽医技术员老陈同来，罗明燏先生把牛群轻轻赶出棚外，牛群先驻足抬头望着罗明燏先生，好像问："照常去山坡觅食吗？"罗明燏先生抚摸一下牛背，牛群围着罗明燏先生转悠，用头颈和头面轻轻触碰他，显得十分亲善。兽医老陈开口了："牛群情绪正常，很好。它们和照看者很亲善，也无掉膘，无问题。"两个分片组长也啧啧称奇。"人畜关系很和谐，照看得不错嘛。"这让斗争成瘾的小王很尴尬，一脸没趣擅自溜人。自始再没有发生过说罗先生不善待或虐待牛群的事。

重游南华寺

在"五七干校"的生活是单调的，每日重复劳动、政治学习，没有任何娱乐活动。有一次放假，罗先生邀好友同游南华寺。四十多年前，他正是意气风发的年轻人，率领测量队测量韶关市时曾游览该寺。光阴似箭，如今已过花甲。

南华寺坐落在韶关市郊外的小山上,寺庙是千年古刹,高僧六祖慧能弘扬"南宗禅法"的发源地,寺内藏经阁典藏经卷颇丰。每当庙会日或节庆日,很多善男信女蜂拥来寺朝拜、祈福。

从远处看,有座小山被葱茏茂密的森林覆盖,依稀可辨山上有围墙、庭院,庙堂式的建筑群被掩映在绿树丛中。朋友们到了寺前,沿花岗岩阶梯拾级而上。道旁都是苍松翠柏,浓荫密布,几束阳光从天空穿过幽暗的树林,照射进来,空气清新、环境幽静,如入仙境。寺院有围墙山门、门神,每门必有对联。一进、二进、三进、殿堂依山势而建。两侧有钟楼鼓楼,他们依例点香、添油、礼拜。最高处的殿堂是大雄宝殿,殿内正中端坐着供朝拜的是释迦牟尼佛祖像,左右两旁分别是药师佛和阿弥陀佛。他们礼拜了佛祖和诸佛,这时有一老僧从厢房迎出来,道个早安。罗先生双手合十还礼说:"师父早安,弟子跨入静门打扰,包涵了。"老僧打量了一下,"哪里话,贵客光临本寺,贫僧未及恭迎,失敬。"当他得知来客都是韶关枫湾华工"五七干校"的教授、老师时,邀客入厢房用茶。各位分坐在八仙桌侧的条凳用茶,宾主茶叙。

入庙拜神,君子问卦,这是国人参拜禅寺之常例。"先生,你们需要问卦吗?"老僧忽然问。"啊,差点忘了,我也循例求一签。"罗先生说。然后在案台上拿起签筒摇了几下,跳出一支竹签。签语曰:"文王无辜七年厄困,达人忍隐福来自安。"

罗先生看罢签语,未待老僧解释,已悟签义。

土法造钢筋水泥驳船

罗明燏院长"文化大革命"开始后就被"靠边站",面对如疾风骤雨般的大字报,他认真写了检讨作自我批判和随时准备接受开批判会候批。他在任时,因做事有原则、为人正直、人品好,所以在笔者的记忆中,"文化大革命"期间他没有挨过大会批判;去韶关枫湾"五七干校"劳动时,也只安排他放牛,他把牛只养得膘肥体壮,因此也安然度过了干校时光。

1972年,罗明燏从干校回广州城,他虽没有被免职,但被"挂"起赋闲在家,但他毫无怨言,仍经常阅读科技信息,关注着科技发展的新动向。"文化大革命"后他失去了书房、书柜,书籍堆叠在一张旧八仙台上,足有1米高。

有一天,两位不速之客来拜访,来者之一自称是广东省革委会生产组的陈处长,而另一位是广东船舶协会的干事司徒工程师,后者前些年开专业会议时见过,还有印象。

罗明燏院长迎客入室内,给客人倒了开水并说:"失敬,茶叶刚用完,还未购买。沙发也没了,怠慢客人了。"

"打搅,表示歉意的应是我们。"陈处长说。

"来陋室有何贵干?"

"我冒昧来拜访,向你请教,想请你'出山'帮忙造船。"陈处长说。

"造船?此话何意,广州有文冲船厂、广州船厂、黄埔船厂等六大船厂,为何不去找他们?"罗院长问。

"是为了造一批钢筋水泥运输驳船,任务较急。"陈处长说。

罗院长一愣说："这玩意从来没造过，国外亦未有先例。造船自古是用木头来造，人类祖先，原始部落先民，美洲、大洋洲的土著人懂得用整条树干挖空中心，成一条木槽，称作独木舟，后来贸易发展，航海业发展，中世纪阿拉伯人造的三角帆木船远航往返于阿拉伯与东南亚和中国的广州、泉州，贩运香料、药材、珍稀（物品）、瓷器、丝绸。明初郑和七下西洋，远航至阿拉伯和东非海岸。中国人当年造的木帆船规模和吨位都是世界最大的。自哥伦布跨大西洋航行，发现美洲新大陆，西班牙人入侵和残酷掠夺美洲资源。随着资本主义和殖民主义兴起，为了通商牟利和掠夺海外资源，欧洲国家造船业有很大发展，近代钢铁工业发展和石化燃料的使用，加速钢铁船舶的制造，而近代中国造船业反而大大落后了。造船的新材料还有玻璃钢，专门用于建造轻便的旅游或体育用的游艇，它是玻璃纤维和合成树脂的复合材料。为什么你们要造的运输驳船不选用传统的基材？"

"你问得好，我国是人口众多的大国，历史悠久。朝代更迭，无数次战乱，人均林地和木材资源少，远不够经济建设和国防建设之需。1958年大炼钢，不少树木被砍伐烧炭炼钢，破坏了山林。前几年有些地方秩序失控，伐木卖钱，毁林开荒，更使林业雪上加霜。木材紧缺，凭计划按指标供应，造运输驳船排不上号。广东的经济发展，做外贸得地利，出口土特产到香港和国外，特别是大宗、低值的建材、砂石、红砖大量出口，可为国家赚回宝贵的外汇。而今却缺乏运载的驳船，钢材更是奇缺，多少重点工程、国防建设、战略储油罐等都需要大量钢铁，而产能却供不上。产量徘徊多年上不去，更不可能分配钢材指标造驳船；我国的水泥产能却能基本满足需要。"陈处长说。

"好，容我考虑三天，再做商量。这项任务要通过学院革委会，拟在学院科研处开个会研讨再做定夺。"罗院长说。

"好，一言为定，就此告辞。"陈处长说。

这种既是前人未做过的事，又不是本职责范围内的工作，罗院长本来可以一推了之，落得清闲免担风险，但罗院长助人为乐，急人之困，承担下来了。

"今经贸之需，造水泥驳船受技术之困。倘若造航母、几十万吨大油轮、万吨级散装货轮，那是大有搞头。这百吨级的水泥驳船按常理不难建造，但造船的基材和成型工艺却很特殊，可说是新工艺、新技术，也可说是一个不小的难题。这也是为了解决缺乏钢铁和木材的无奈之举。"罗院长如是想。他苦苦思索，从堆放凌乱的书籍杂志中去找寻有关水泥驳船的信息，在书堆中找遍却一无所获，又去中山图书馆查阅也是无获而返。

一星期后，在华南工学院科研处举行水泥驳船研讨会，与会者有省革委会生产领导小组陈处长、省船舶协会司徒工程师、学院革委会副主任、科研处费教授、罗院长、汕尾船厂的王厂长、学院革委会李秘书等人。

会上省革委会陈处长讲述了为什么要造水泥驳船，省船舶协会的司徒工程师介绍了本省研制水泥驳船的情况，有两家造船的小作坊因试造失败而退出了。汕尾船厂造了两艘几十吨级的样品船，有一艘在试用时被碰撞一下就散架了，还有一艘在试用。

学院革委会副主任发言："'文化大革命'之后一切都乱了，多数部门瘫痪了。没有招生、没有开展科研、无政府主义泛滥……很难派出合适的专业人员去援助。费处长你看呢？"

费处长说："造船系的老教授身体不行了，年轻教师不少调离了本学院。这水泥船涉及硅酸盐材料技术、土木工程混凝土浇注成型工艺和造船专业的专门技术，一时不易找到合适人才……"

陈处长急了，"现在我们搞阶级斗争，抓革命也要促生产，有困难也要克服嘛，王厂长你介绍一下你们船厂试造水泥船的情况。"

王厂长一五一十介绍了该厂造水泥船的情况。

"罗院长你的看法呢？"学院革委会副主任视线移向罗院长问道。

"这项工作说实在我心中无底。船体可按传统的船舶规范设计，造水泥船的工艺有异同，且很特殊；我想可以按比例缩小尺寸，先造艘样品小船，摸索成型工艺，制订可行的工艺规程。对样品船做各种性能测试和试航，取得足够的可靠数据后，做必要的改进和完善，就可以批量生产，边生产边总结和完善工艺。首先要设计和建设简易的造船生产车间，建造船坞，跨船坞上要建一台走铁轨的小龙门吊机……"罗院长侃侃而谈。

"啊，你的想法很全面，不愧是多专业工程专家，喝过多年洋墨水，见多识广头脑灵活的老教授！"陈处长说。

"我看你已胸有成竹，又勇于担当。学院今时无更合适的人可派，就由你承担支援的重任如何？"费处长说。

"说实话，我心中的确无数，何况又是单枪匹马去干。当年修复海珠桥和南方大厦及设计建设汕头机场，身边都有几个得力助手。如今，我千里走单骑，那时我年富力强，今时年老体衰，又患有高血压、视力减退等毛病，既然大家信任我，请我出力，就勉为其难，摸着石头过河吧。技术上若信得过我，让我行事方便，为国出力责无旁贷！"

陈处长高兴地说："没问题，太好了。老教授高风格，大学院长有担当，叫你屈就了，我回省革委即向领导汇报。院长今时复职未？学院要善待老院长呀。"陈处长望了一眼学院革委会副主任，副主任有点不好意思，支支吾吾"这个这个研究、研究……"

"一言为定，借用院长三个月，就算是省革委借。"陈处长说。散会时陈处长、司徒工程师紧握罗院长的手连声说道："感谢，拜托了！"

罗院长对这项工作苦苦思索，深思熟虑，打好"腹稿"。在出发前他收拾简单行装，苏琬华老师仔细帮忙检点。从干校回来不久，又揽上这活儿出门，未免嘀咕几句，聚少离多。

罗明燏院长安慰妻子："你看我，干校干了三年不是好好的？那是每日抚摸牛背，拍拍牛屁股的活；如今去做的，好歹都和造船工程沾点边。我就喜欢干工程技术的事。"

"那你也得好好保重。"

"没问题，汕尾盛产海鲜，有机会尝尝海鲜大餐，我也喜欢喝潮汕人的工夫茶。"

"就望你顺利完成早日归来。"

"绝无问题！"

船厂的林副厂长驾驶辆旧吉普车来接罗明燏院长，大约行车四小时到了目的地。罗明燏院长一看，心想那算是个什么造船厂呀，就是一个民办（集体所有制）的修船和造木船的工作坊罢了。车间是一栋砖木结构的简易厂房，用木柱支起，两侧是山墙，用石棉瓦挡风，屋顶也是用石棉瓦搭盖棚顶。厂场临近海边，面积不小，有一个小船坞和一栋小两层砖混结构的办公楼，还有几艘柴油发动机的拖船和一些较大的木帆船，职工有百来人。

在工厂门口迎候的王厂长和刚下车的罗明燏院长握手说:"辛苦了,请先到办公室喝杯茶,解解渴,消除疲劳,然后安排住宿好吗?"

"很好,客随主便。"

厂长领罗明燏院长入办公室坐下,在室内一张桌子上放了个小木炭炉,炉上放置着一个小手提铜壶,桌上摆放着一套茶具:拳头大小的紫砂茶壶,四只像鸡蛋大小的紫砂茶杯。一科员帮忙沏茶,用刚刚烧开的水淋洗过茶具,把铁观音乌龙茶叶装填满小茶壶,然后将开水冲进壶内,酌入小茶杯的茶水色泽像酱油一样深。

"请扎更夫爹"(潮州方言请吃工夫茶)。这工夫茶,刚入口近苦涩,慢慢回甘回甜。这是潮汕人的风俗,惯用工夫茶奉客,在夏季饮用,很解渴,二杯下肚消渴解疲劳。"习惯饮用吗?""很好,解渴真管用。"

罗明燏院长被安排在镇革委会招待所,住进一个小单间。房内摆放一张大书桌,能铺开零号图纸,还有小书架供放置资料书籍。罗明燏院长还关心问本镇是否有文印服务?招待所所长说:"本镇不大,有制图社、文印社等小型服务,一应俱全。"王厂长交代招待所所长,"一定要善待老教授,这是华南规模最大的大学校长。"

翌日王厂长为罗明燏院长接风,在汕尾大酒楼摆了一席丰盛菜肴,还邀请了地方各部门的负责人,镇革委会主任,工商银行分行长,信用社、供销社、税所主任等人赴宴。菜肴有潮州爽脆牛肉丸、鳗鱼丸、水煮鲜章鱼、炒鲜鱿鱼、时菜。酒水有九江双蒸、汕头米酒,可说是潮州特色的海鲜大餐。罗明燏院长不胜酒力,以茶代酒,席间礼节寒暄不表,宾主尽兴而散。

次日罗明燏院长紧张地开展工作,他请测量社测量好厂区图、船坞区图,交制图社绘制成标准蓝图。马上请建工队、安装队进场施工,加挖完善原来的小船坞,船坞两侧安装行走龙门吊的铁轨,选购了一台小型龙门吊机并安装好。与此同时进行船体成型工艺试验,按照绘出的图样按比例缩小至五分之一,做成型试验。用20毫米钢筋扎制龙骨,分别用12毫米、9毫米、6毫米的钢筋扎制纵横肋条和网条,电焊焊固,分片铺上粗铁丝网,用铁丝扎牢倒扣施工船模上,船模贴上牛皮纸,用机油涂抹牛皮纸作防粘脱模隔离剂。按工艺规定数目的花岗岩碎石,按比例混合细沙和广州水泥厂产的600#水泥,加水和助快速凝固剂在混凝土搅拌机内搅拌混合均匀。成型工迅速用斗桶承接混凝土装送至成型现场，快速铺敷在倒扣的船型钢丝网上，包裹着钢筋骨架使其不露空，再用长短木耙快速拨匀，厚度为4厘米。施工连续作业不断，直至整体船壳完成成型，并使表面尽量光滑。这个"乌龟壳"轮船还要每天洒水保养一周。施工时，抽取混凝土装模成试块，交省硅酸盐建材所测试试件的抗压、抗撞击、透水等各项性能。

半月后，船体硬固，用龙门吊机吊起将船舱翻身朝上，下水试航，船的两侧侧舷、船头船尾均安上防撞的废轮胎。小驳船做空载和满载的航行及撞击试验，对船体及试块进行各项测试，测试指标均如设想，全部合格。

船厂随即进行批量生产，制造百吨级的水泥驳船，施工工艺与造小型样船基本一样，因船体较大，在横跨船坞的侧岸安装了两条可以旋转90°的模板天桥，以使敷铺混凝土浆的施工人员在船壳上方方便作业。当成品船体要被龙门吊装吊起作业时，天桥可转靠在岸边，不妨碍装吊作业。

百吨级的水泥船如期成功批量生产，每条船标注排水量、限载吨位、产品编号、出厂日期、安全使用守则等。

自此，不少水泥驳船运载着出口土特产等往返于潮汕与香港之间，也有水泥驳船队沿着东江满载红砖、砂石等建材输往香港。这些水泥船质量可靠，未有出现过船体破裂事故。直至中国钢产量大翻身，不缺钢材，此类产品才退出历史舞台。

此项技术服务完成后，一天几位好友、同事约罗明燏去广州北园饮茶。刘教授问："罗院长你出色完成任务，工作辛苦吗？"李老师问："一干就几个月，该有点津贴费或什么奖励吧？"罗院长幽默笑答："我没有得什么津贴或奖励，纯义务，技术责任不轻，倒是吃了几顿潮汕海鲜大餐，喝够了'更夫爹'，我每周都有'高升或栽倒'的机会。"

"此话何意？"刘教授问。罗院长答道："每次现场施工，我都攀高，登上站在颤动的天桥上指导施工。我患高血压，哪知道会不会头晕摔倒？"朋友都会意叹息。

"制造水泥驳船经济效益并不理想，这是缺乏钢材之无奈应对之策。一如用竹筋代替钢筋建造混凝土楼板，也可使用几十年，终究不是很好的办法。"罗院长说。

刘教授说："我的学生参加了使用耐油的合成聚硫和丁晴乳胶涂料涂敷混凝土油缸，建造储存石油油品的土油缸，皆因我国缺乏钢材。将来不缺钢材时，这类产品必然会在市场消失。"

彻底平反昭雪

"文化大革命"期间及结束之后的三年,罗明燏先生无辜受到打击迫害,蒙冤受屈,他的家庭、儿子罗征援也受到牵连。

1962年罗征援以优异成绩考入华南工学院,就读数学专业,1966年因"文化大革命"滞校二三年。1968年中,罗征援作为待分配毕业生,先去广东斗门6874部队农场劳动锻炼,1970年初分配到广东山区紫金县工作。其后落实政策,大部分同学"专业归口"或回广州等地做合适的工作,罗征援因受牵连没有档案,欲回广州找新的合适工作时到处碰壁。

在纠正林彪极"左"路线的环境下,不少"文化大革命"期间下台的、被靠边的老干部和知识分子获得平反、复职。"文化大革命"期间,罗明燏先生从来没有被免职,但"文化大革命"一开始就靠边挂起来了。挂着院长衔,但无人事实权。

据罗征援回忆,罗明燏先生曾告诉他,大约在1969—1971年间发生了一件看似小但影响可能深远的事。20世纪50年代初、中期,罗明燏先生为解放军设计了若干重大军事工程。当时中国的处境极端困难,这些工程都是军事绝密,决不可泄漏出去。罗明燏向部队保证,决不泄漏于第三者。可怪事发生了,华工革委会的一位领导忽然对罗明燏为解放军设计的重大军事工程感兴趣,找他来恳谈,要他说出来。罗明燏先生信守诺言,拒绝透露军事机密,从此与华工革委会的这位领导结下了梁子。

"文化大革命"开始,罗明燏先生就交了厄运。一是"文化大革命"开始不久，陶铸同志就被"四人帮"迫害致死；二是因广州部队的工程建设而熟络的一些部队领导也遭迫害；罗明燏先生失去了军政领导的保护，处于孤立无援的状态，因此遭受了一系列的冤屈。

一天，负责管理干部的组织部门找他谈话，安慰一番，"你的问题组织研究过，没问题了，只要你在这结论的材料上签个字就好了，问题都解决了。"罗明燏老先生是胸怀坦荡的人，对权势无欲无求，从不算计别人，也不提防"小人"，凭着一向对组织的信任，他没有看结论材料就轻易签了字，岂知材料中记载的是他攻击林彪和"四人帮"倒行逆施的不满言论，而那时"文化大革命"尚未结束，结果罗先生又被扣上了"现行反革命"的帽子。但因为他做过贡献，从轻发落，当人民内部矛盾处理。

按当时的"攻击"，"现行反革命"可以是死罪，不知就里的罗先生轻率签了字就等于承认罪行，背负罪名，蒙冤受屈，许多年难以脱身，还牵连家庭，无辜的儿子也深受其害。

1972年，华南工学院革委会派人去紫金县私自取走了罗征援的档案，这事罗征援1975年才知道。原来他们并不打算让罗征援返城回华南工学院工作，目的就是让罗征援成为黑人黑户、无业游民，去"恶心"罗明燏老先生。那个时代，若没有档案，要找工作就会到处碰壁。罗征援也因此荒废了人生最宝贵的时光，个人损失难以计算，而且还不知道这苦难要熬到何时。

1976年秋打倒"四人帮"，举国欢庆。拨乱反正，多年悬而未决的冤假错案、积案陆续平反，大批好干部、知识分子复职工作。

一个有功于社会的人冥冥之中会有贵人相助。早些年一位部队高级干部涂部长在负责某工程建设时，得到罗明燏先生在技术上的鼎力相助，他对此常记在心。涂部长向时任国家科委主任方毅谈及罗明燏先生的情况。方毅主任知情后立即指示广东省科委调查处理罗明燏先生的案子，尽快给他平反。

1978年广东省科委受命办理此案。"上有政策，下有对策"，又故伎重演，如法炮制了七年前的结论材料召罗先生回校，好言安慰。"你的问题解决了，只要在材料上签个字就没问题了。……"

这回罗征援学精了，守在会议室门口，叮嘱老爹如果有人叫你在什么材料上签字，你千万要小心，务必让我过目再说。果不其然，那份材料给罗明燏先生罗织的罪名仍是攻击"无产阶级司令部"！不能签，绝不能签！罗明燏先生断然拒绝签字。这次顶回去使当事人十分尴尬，但对方仍不死心。次日派了罗明燏专案组副组长造访罗家，意图说服罗征援让他老爹签字。罗征援问道："你们的江青同志是无产阶级司令部的人吗？"对方立马语塞。接着罗征援与他共同学习了红旗杂志评论员文章中关于拨乱反正、平反冤案的段落，对方悻悻而去。两周后，华工党委宣布推倒一切不实之词，为罗明燏先生平反。

罗家与省科委同志会面

（左一、二为罗明燏夫妇，左三为承接中央指示为罗明燏平反的刘处长，她是罗家铭记的大恩人，罗征援在后排最左端）

"文化大革命"是十年浩劫，已是定论。下面引用中共中央党史研究室于2016年出版的《中国共产党的九十年》中的一段（第629~630页）：

> "文化大革命"长达十年的动乱，使党、国家和各族人民遭到新中国成立以来时间最长、范围最广、损失最大的挫折。党的组织和国家政权受到极大削弱，大批干部和群众遭受残酷迫害，民主和法制被肆意践踏，全国陷入严重的政治危机和社会危机。……我国科学文化教育事业遭到严重摧残，广大科技人员、教师、专家普遍受到歧视以至迫害。……形而上学猖獗，唯心主义盛行，无政府主义、极端个人主义和派性严重泛滥。

罗明燏就是一个活生生的受到歧视和迫害的例子。在中央的关怀和过问下，蒙冤多年的罗明燏先生在1979年总算获得迟来的平反。在党的平反政策中，指出必须处理好受牵连的家属，因而罗征援受聘于暨南大学当老师。

"文化大革命"期间罗明燏先生的妻子苏琬华也常为丈夫担惊受怕，为儿子的前途忧心忡忡。罗明燏安慰妻子："无需担心，建设新中国我出了大力气，有功无罪，会平安无事的，会雨过天晴的。"当获平反时，罗明燏一家如释重负，压在头顶上的乌云被驱散，重见光明，这好事迟来了七年，罗师母感激而泣。

否极泰来，罗征援得到好心人的指点和帮助。1980年国家出台自费留学规定，罗征援取得加拿大西安大略大学全额奖学金，自费赴加拿大深造。七年鱼困泥滩，一朝龙入大海。罗征援有其父智商的遗传，加上勤奋，读研年年成绩优秀，1985年底获应用数学博士学位。

罗征援夫妻与堂兄罗征仰（左二）一家合影
（罗征仰为西安大略大学生物化学系的教授兼系主任）

罗明燏先生平反后，各种名衔日渐增加，如第五、六届全国政协委员，广东省政协副主席，广东省科协名誉主席，等等，在华南工学院（下称华工）的待遇也改善了。华工还专门派了一位郭老师做联系人，负责沟通罗明燏老先生的需求。1985年，华工还为罗明燏老先生庆祝80大寿。

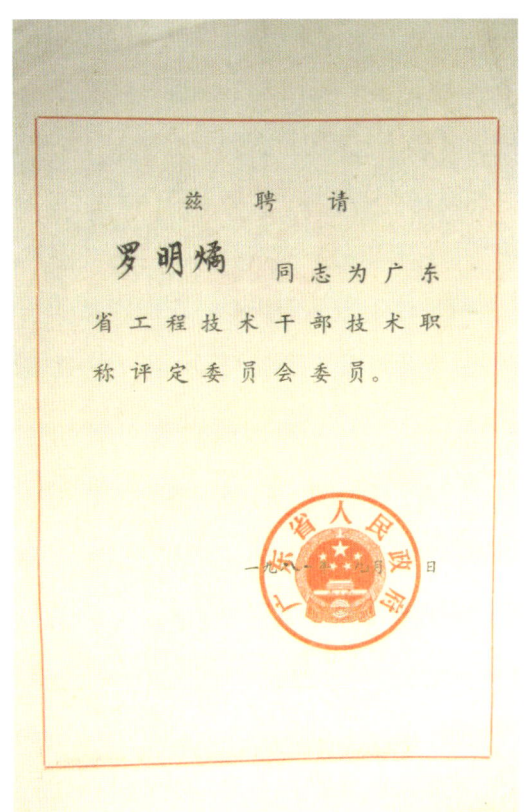
广东省政府聘书

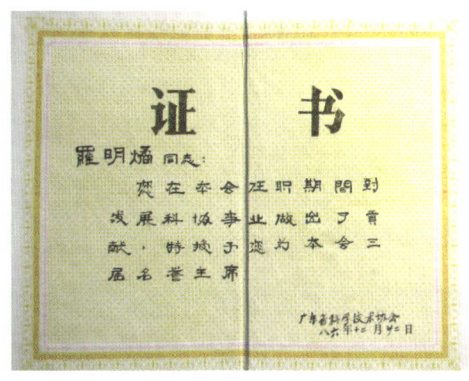
广东省科协名誉主席证书

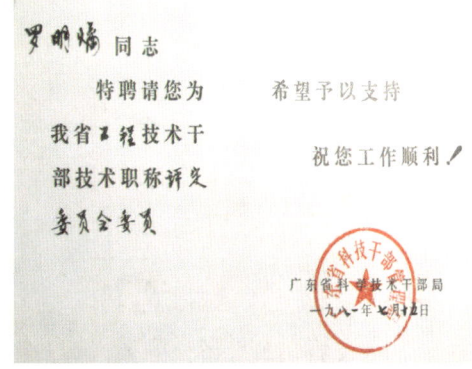
广东省科技局聘书

1986年罗征援回穗探亲时,合家欢聚,罗明燏老先生大开欢颜,当年考博士的憾事已在孩子这一辈获得补偿。但夕阳无限好,只是近黄昏。罗明燏老先生因十年浩劫身心已受到严重损害,于1987年10月病逝,享年82岁。苏琬华老师将罗明燏老先生的书籍捐给华工图书馆,处理了房屋事宜,然后赴加拿大随子安度晚年。

罗征援在NASA研究工作时所获奖状之一

罗征援在学术上奋勇疾进,十年磨一剑。后来在美国航天局（NASA）任高级研究员（senior research scientist）,搞计算流体力学、气动声学。研究小有成就,受到了奖励。退休后他念念不忘效力祖国,新冠疫情之前,每年回国在清华大学、浙江大学、中国科学院计算技术研究所（简称北京计算所）讲学几个月，把所学和工作经验传授给祖国年轻的同胞们；也曾以北京计算所名义，发表重要论文。疫情发生之后，在家中仍不断学习、研究，撰写论文、专著，客居海外仍不忘祖国。

改革开放32年后的2010年夏，罗征援回国探亲，也重返华工访问。他欣喜地看到，华工新的领导班子注重发展学校的科研和教育。罗明燏不再是"资产阶级反动学术权威""现行反革命分子"，而是热爱祖国、热爱党，为国家做出贡献的工程专家、教育家。校友蔡建中先生等人积极筹建罗明燏院长的雕像以资纪念。华工领导召开会议纪念罗明燏诞辰105周年，由时任党委书记王迎军主持，罗征援在会上发言，追忆父亲的往事。

罗征援在罗明燏诞辰105周年纪念会上发言

罗明燏在华工校园的雕像

2012年11月3日，华工举行罗明燏塑像揭幕仪式，罗征援夫妻回国，在华工招待所住了几天，受到厚待。罗明燏任院长期间就读华工的校友、曾任广东省政协副主席的石安海同志，与华工党委书记杜小明在省委宴会厅宴请罗明燏先生的家人。罗征援明白，这是对标父亲的待遇。罗明燏老先生虽然已离世多年，但华工的各项纪念活动，以及广东省领导的高规格接见，罗征援都感怀在心，也体会到了党和国家对于工程专家、教育家罗明燏的尊重与怀念。

罗明燏先生亲人在雕像前合影

曾任广东省政协副主席的石安海同志接见罗征援及其亲人

校友在罗明燏雕像前留影

华工校友在罗明燏雕像前留念

父子情深

罗征援童年时期，家在中大旧校区北轩8号。罗明燏的工作很忙，白天八小时之外，通常晚饭后继续开展技术工作，搞设计或审查设计，工作至九点时小休一下，常常问儿子："波波（罗征援乳名）想不想跟我去外面吃点宵夜？"儿子当然乐意。于是父子牵着手走出旧中山大学大院。临街惠爱东路和小横街内有几间小甜品店、凉茶铺，有些铺前搭个小凉棚，炮仗花藤攀在棚上，棚下摆几盆花草。小店铺供应红豆沙、绿豆沙、芝麻糊，父子俩就坐下来要碗甜品；盛夏季节，吃块冰镇西瓜或要瓶汽水。罗明燏会和小店老板聊聊天，舒缓一下一天脑力劳动的疲劳。那时城区内人口没有那么密集，建筑物不高，走在小街，抬头看夜空，有时皓月当空，有时繁星闪烁满苍穹。街道两旁古榕苍茂，地上夏虫啾啾，父子俩常牵着手，其乐融融。

罗明燏不爱看电影和戏曲，不沾扑克、麻将，唯一的嗜好是养些花草。为觅点奇花异草，有时会带着儿子到西堤码

罗明燏与罗征援
（1948年摄于中大旧校区天文台东侧）

头乘坐人力荡桨的小木舟摆渡过江,到芳村花地溜达。花地是栽培、种植花卉的基地,若买到心仪的花草,高兴自不必说,即使没买着,父子俩吃碗"艇仔粥"(广州特有粥品,内有油条、炸花生米、葱花等佐料)也蛮有乐趣,父子情深。

小罗征援天资很高、悟性好,勤奋的老爹是他的榜样。罗明燏给童年的儿子讲古人刻苦读书,家穷点不起油灯,夜读书时靠"囊萤映雪""凿壁偷光"之类的故事,小罗征援深受影响,自觉学习,不需老爹费心。在高考大学录取比例很低的1962年,罗征援以优异的成绩被录取,就读于华南工学院。1966年6月全国停课开展"文化大革命",罗明燏院长被作为"资产阶级反动学术权威"打倒靠边站。1972年很多干部、老知识分子获"平反"时,有人处心积虑诬陷罗明燏,说他攻击无产阶级司令部旗手江青而被打成"现行反革命"。儿子罗征援毕业后去部队农场劳动锻炼,接着被分配去广东山区紫金县工作。1972年落实政策,知识分子专业归口,在紫金县的同学纷纷被调回合适的工作岗位;当罗征援联络好接收他工作的单位派人去紫金县人事部门办理手续时,因没有罗征援的档案而无法接收。父亲被迫害,牵连到儿子,影响到儿子的前途,罗明燏夫妻非常揪心。1979年,罗明燏终于获得迟来的"平反"。

罗明燏"平反"后,罗征援也时来运转,先入职去暨南大学教书,1980年获全额奖学金去加拿大西安大略大学读研究生,1985年底获博士学位,成为应用数学专家。1986年回广州探视父母,享天伦之乐,其乐融融。儿子的长进,罗明燏夫妻感到非常欣慰。

在罗明燏去干校劳动时,只领月薪40元。在部队农场劳动锻炼的罗征援有中国人重视孝道的美德,把自己的工资大部分寄回奉养母亲。

1982年罗明燏受邀参加麻省理工学院校庆节,罗征援知道后马上从加拿大飞去美国纽约接父亲,全程陪同父亲参加活动,尽显父子情深。

1987年当罗征援得知父亲住院病危,马上从加拿大飞回广州,一直守护在卧病的父亲身旁,直至父亲不幸离世。父亲知道儿子在学术、事业上有长进,无憾离世。儿子失去父亲创巨痛深,痛惜父亲无法安享晚年再多几年。父子情深贯穿着他的一生。

父子俩在纽约乘船游览，左边可见后来在"9.11"事件被毁的双子塔

在筹备罗明燏先生的追悼会期间，学院收到大量来自全国各地乃至海外的单位、个人的唁电。追悼会当天有千余人到场，是时电闪雷鸣，大雨滂沱，天人共悲。罗明燏夫人和罗征援悲恸不已，时人和路人均感伤云：逝者是个大好人，做过很多好事，天公也为他哭泣，泪飞化作倾盆大雨。

夕阳晚照，重访麻省理工学院

1982年，适逢麻省理工学院校友节，作为校友的罗明燏老先生收到邀请函去参加学术活动。改革开放后的中国高校和国外高校交流活动渐次展开，校友间互访活跃。经过申请，罗先生获批准赴美参加麻省理工学院校友节活动，此行有公差待遇，获小额差旅费补助。罗先生和我谈起晚年第三次赴美重访麻省理工学院这一事时，他说这是"文化大革命"后他最欢愉的一件事。

当时在加拿大学习的儿子罗征援知道老爹来美国的消息，马上请假飞抵美国迎接老爹，儿子怕父亲囊中羞涩，自费安排他住好一点的酒店，给足花费以备父亲在麻省理工学院活动或校友叙旧应酬之需，并全程陪伴他。

当罗明燏老先生从连接波士顿与剑桥的跨河大桥前面的开放式校门进入麻省理工学院校园时，直觉这查尔斯河畔的校园风光依旧。"青山依旧在，几度夕阳红。"半个世纪前自己曾在此求学、苦读，怀旧之情油然而生。踏入校园，抬头一望，见悬挂着醒目的"Welcome MIT Schoolfellow"横幅，熙熙攘攘，热闹非凡。有一群年轻学生义务工

罗明燏在麻省理工的查尔斯河边（摄于1982年）

作者帮忙接待来访者，帮忙登记及发给放校友活动手册和麻省理工学院年刊、学术信息，并帮忙安排食宿。当服务人员把来者邀请信对照校友名录，知罗明燏老先生是20世纪30年代初毕业的"元老级"校友，有点惊讶，友善而尊敬地称他"老前辈"并迎入休息室。

稍事休息之后，罗先生偕儿子走到一座面临麻州大道展开的建筑物前，它的中央部分古色古香，颇有特色，这是七号大楼，正中有十多米宽的两重阶梯，拾级步行上楼前平台，台上有六根直径1.5米的高大罗马柱；从大门进入厅堂内又有六根高大罗马柱支撑高高的穹隆顶，室内周边一楼二楼有环室跑马廊，穿过大堂是一条长长走廊，廊道两边是实验室。

罗明燏在麻省理工学院的主楼前（摄于1982年）

七号楼隔着麻州大道，对面是非教学和实验室的生活辅助区。有两个大草坪，有大型足球场和标准田径运动场，两个草坪一个是天然草坪，另一个是人工聚合草坪。旁边有栋多层的建筑物，这是大体育馆，内有篮球、排球、网球场和健身室，这里还有一个半球形圆拱顶的演艺剧场。校园辅助区的旧建筑物不少是红砖清水墙，古典风格。一条通往校内的旧铁路仍保留着，但已不作为校内实验工厂物流的工具。

教学和实验室的中央校园区比20世纪30年代来美时增添了许多气势恢宏的现代化教学楼和高大的实验楼，使人感到校园大气磅礴。从1957年开始，由于种种原因，罗先生中断了和母校的信息来往。

这次校友节活动期间，罗先生参加了若干学术活动，听了一些专业学术报告。罗先生发现，会议室、教室设施现代化，室内平面呈阶梯式，桌上均有电源插座，实施电子化教学，投影设备等一应俱全。他深感国内"文化大革命"

十年动乱,教学科研停滞不前,甚至有些是倒退了,中国的科技水平比美国落后了。罗明燏先生想,多亏了改革开放的总设计师邓小平同志及时拨乱反正,带领全国人民团结一致,发展经济,重视人才,不懈努力追赶,中国的前途应是辉煌的。

麻省理工学院不愧为世界一流的理工科大学和学术殿堂,在校执教的教授和培养出来的毕业生有不少是诺贝尔科学奖的得主,又或是科技工程界的领军人物。诺贝尔物理奖得主华裔科学家丁肇中教授就在麻省理工学院任教。

这次麻省理工学院重访,罗先生有缘会见了昔日求学时他的导师——航空系主任查尔斯·德拉帕(Charles Draper)老教授。德拉帕贡献良多,发明了航空陀螺仪,为飞机飞行导航,誉满航空界,他的名字载入美国国家名人录。在麻省理工学院有一个实验室以他的名字命名,叫"查尔斯·德拉帕实验室"。

罗明燏先生还会见了求学时的同窗好友汤姆·佐治(Thomas George)先生,也是元老级校友,他是航母舰载飞机弹射装置系统专家,彼时每架航母弹射装置均须由他检测鉴定才能服役。

汤姆和罗先生友情很深,当他获知罗明燏的儿子罗征援在加拿大西安大略大学求学时,专门从加利福尼亚州飞到在底特律和多伦多之间的伊利湖畔加拿大伦敦城会面,后来罗征援结婚时,他赠送500美元给他做贺礼,罗征援亲切地称他为汤姆叔叔。

1980年罗征援刚抵加拿大,汤姆叔叔来看他时合影

汤姆叔叔的私家飞机

美国的学者、民众与中国的学者、民众是友好的,这是主流。一起学习或工作的师生、同学、同事友谊长存。

罗先生此行还会见了仍健在的三四十年代的老同学、老相识、故友,彼此相见如故。几十载沧桑,各叙自己人生轨迹,虽然服务于不同国度,但都在为人类做贡献。谈起新中国的建设发展,比起旧中国已发生翻天覆地的变化,改革开放有更大的展望,大家都感慨不已。

这次访美,罗明燏先生知道华南工学院某实验室缺少一些仪器,学院财政紧张未及购置,他虽然早已离开领导岗位,但仍心系学院。他把节省下来的差旅费购买了学院急需的小仪器和一些科技书籍,归国时带返捐献给学院,剩余款项悉数交还。

改革开放之初,国内生产力水平和百姓的物质生活水平仍不高,大尺寸的彩电、冰箱等仍是改善生活的热门货、稀缺品,一般出国公干的人员,归国时在限买一大件的规定下,多数人为自己家庭买一台日本产的大彩电或冰箱或摩托车。罗明燏先生不为自己购物,自费买件小仪器捐赠学院,此事获得大家好评,而他谦虚说:"小意思,我心有余而力不足,能为学院的教学科研做出一点微小的贡献,我也非常开心!"

罗征援从加拿大请假飞赴美国波士顿全程陪伴父亲,可说是人间父子情深。傍晚时分,夕阳晚照,父子俩漫步在查尔斯河岸,眺望宽敞的河面,碧波粼粼,微风徐来,水波不兴。河面上泛着点点的帆影,这是体育活动专用的小帆船。夕阳无限好,罗明燏老先生脸上洋溢着喜悦笑容。

罗明燏父子俩在查尔斯河岸留影

但忽而心中又闪过一丝严肃,也许他意识到自己已是近"黄昏",旅途疲劳、时差影响,紧凑不停的学术和社交活动,使他感到力不从心。

当罗征援在机场航站楼送别归国的父亲时,罗明燏老先生语重心长地对儿子说:"要努力学习,奋发向上,学成后为人类、为社会、为祖国服务,做贡献。"儿子当即表示遵父亲之嘱,承诺不负父亲的期望。儿子托父亲代问候生活在广州令他牵挂的母亲,并嘱二老好好相互照顾。罗征援送父亲至送客止步的大厅,目送父亲进入候机厅至视野消失方才离去。

自美回国时与华工在港校友会面,十分开心

这是罗先生人生第三次也是最后一次赴美。参加麻省理工学院校友节活动之后,回国途经香港,罗明燏先生在香港短暂停留,受到他的学生,如知名的香港学者张佑启、港商蔡建中先生等香港华工校友的热烈欢迎,他非常开心。事后,香港和广州报纸纷纷报道,罗明燏美国归来,两袖清风。

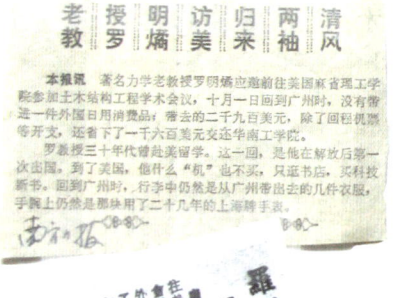
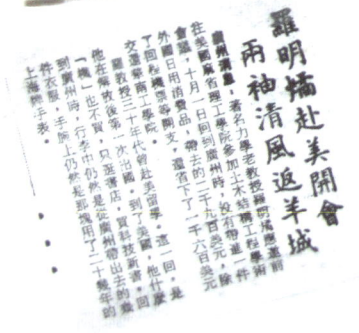

报刊登载,罗明燏美国归来,两袖清风

夕阳晚照，重访麻省理工学院 | 157

归国途经香港时与华工在港校友合影

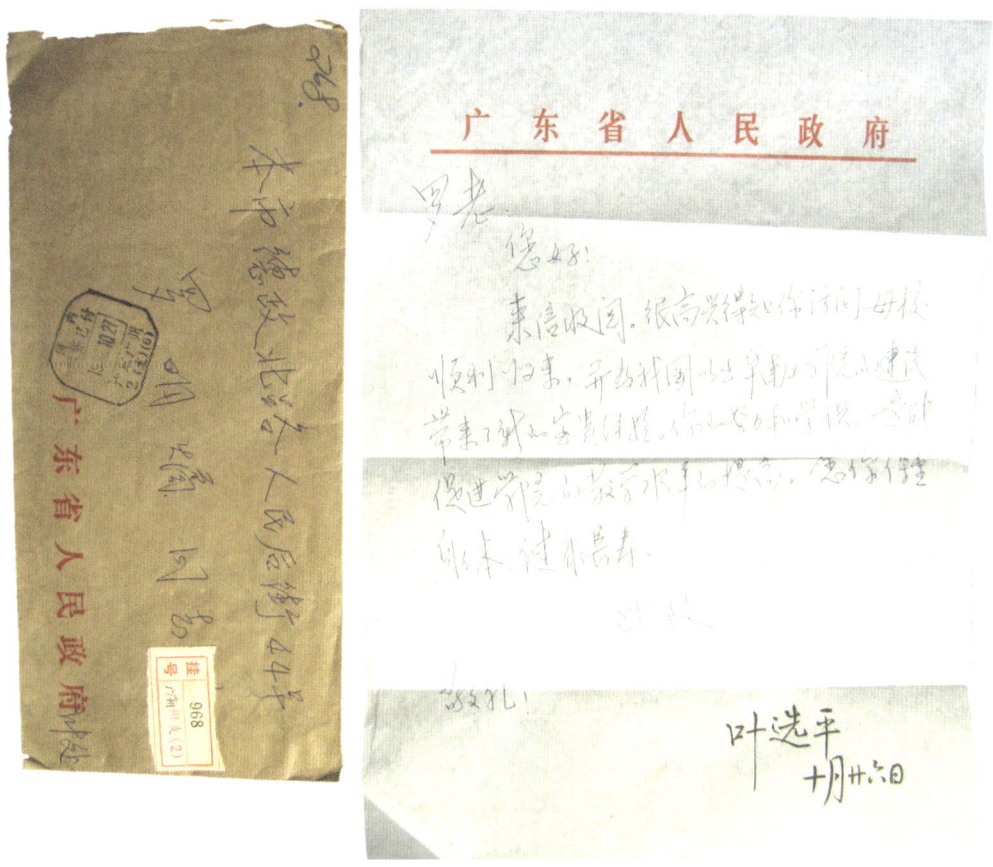

广东省委书记叶选平知罗明燏重访母校归来的慰问信（1982年）

附 录

我和罗先生有趣的闲谈

罗明燏先生是一位杰出的科学家、教育家,建筑、路桥、船舶、航空工程的大师,他是爱国知识分子楷模,是我们学习的榜样。

"文化大革命"后期,我有缘认识了罗明燏院长。我非常尊敬他,每次去拜访他,称呼他为罗先生。罗先生平易近人,每次都热情招待我并聊上两三个钟头。我无需毕恭毕敬,且谈话内容很随便,天南海北,没有拘束。我视他为可敬的师长,他视我为忘年交朋友。

"文化大革命"初期,华工校园大字报满天飞,我看见一些写罗先生的大字报,比如说他曾任职美国波音飞机公司,也有说他曾帮国民党在海南岛的守军修建"伯陵防线"等。我拜访他,聊天时问起是否属实?他坦然说这些是误传,以讹传讹。他第二次赴美是代表民国政府考察北美航空事业,在此期间他受聘美国航空委员会当顾问,而没有任职波音飞机公司;他没有帮国民党修建"伯陵防线",而是设计、建设海口市民用的"秀英港码头"。

我和他闲谈,有一次他谈起在北美野外考察时看到的壮观场景,在美国东北人迹罕至的缅因州入海河川,他们观察到无数鱼儿拥挤奋力逆水而上,塞满河川,人可以踏鱼过河,场景壮观,叹为观止。我很诧异当地自然资源之丰富,我说我读过《天方夜谭》"辛伯达航海"故事:辛伯达驾舟航海,触礁翻船落海,上岸后踏上小岛,其实那是搁浅在海滩上的巨鱼之背。……从电视上看了《动物世界》节目才知道,三文鱼等鱼类每年特定季节洄游到出生地,在入海的河川口产卵，然后会死亡。

我讲起自己生活的地方，童年时每年冬季农业生产队"平塘"捉鱼，放干塘水，竭泽而渔。"散塘"（即捕捉完毕）后，我随村童们蜂拥下塘捡漏，捡到些许小鱼虾、塘鲩、生鱼。我还玩过"塞涌"，待"散涌"后捡漏。"塞涌"业者在珠江支流小河涌的河口，于江水涨潮至顶时布下拦网，待几小时后退潮至河涌水流极浅时捕鱼。捕鱼毕，众多儿童下水捡漏。物资供应困难那几年，在农业生产队收获完番薯、木薯、花生田地后，我就随村童们一起捡漏。

有一次聊起民国早年的轶事，罗先生侃侃而谈。1913年袁世凯总统执政，他打击迫害革命人士，暗杀国民党要人宋教仁，激起了孙中山领导的南方革命力量武装反袁，发动"二次革命"。由于军力不足，协力失当，反袁失败。革命同志遭袁世凯通缉，避走海外。孙中山再次流亡日本，旅居东京，一时无力挽回局面，无计可施，一筹莫展，这时孙中山的秘书宋霭龄离开孙中山去和孔祥熙结婚。就在孙中山失意的时候，年轻的宋庆龄来到日本投奔孙中山。宋庆龄父亲宋嘉树长期在财务上慷慨支持孙中山革命，但是反对女儿和年长她二十多岁的孙中山结婚。宋庆龄崇敬孙中山，在孙中山逆境时，她坚定支持孙中山的革命事业，对革命有坚定的信心。在东京孙中山的居所，当朱执信和胡汉民欲劝阻孙中山与原配卢氏离婚时，卢氏大方出堂，对朱、胡二人坦诚相告，孙中山与她离婚，她赞同。孙先生与宋女士结婚，她深信宋庆龄能够帮助孙先生致力于领导革命事业，大有利于革命……

罗先生说："两位民国女士以大局为重，深明大义，不畏时人微词，令我十分敬佩。"我听了这故事深有同感。

有一次我和罗先生谈起广州市居民住房条件很困难，旧城区居民住得很挤迫。我说我有几个朋友住西关（荔湾区）麻石街的旧宅区，一间院宅内住很多户人家，戏称如"关帝庙"或"七十二家房客"。旧屋层高较高，居者在狭小面积房内搭楼阁或两层或三层卧床，一如火车厢的卧铺。

罗先生感慨地说："广州旧城内的人口比几十年前已经增加至三倍多，而住宅面积没有增加，怎会不拥挤呢，只有当国家建设发展，住宅建多了，人民收入增加了，房荒才能逐步解决。"

"按我国的经济能力，有希望改善房荒状况吗？"我问。

"中国人勤劳、智慧，只要政策得当，经济发展，无需太久会逐步改善的。"罗先生答。

他的预见果然成真，改革开放后我国经济迅猛发展。罗先生于在世之年见到了民众居住条件的小有改善，到21世纪的今天，笔者见证了民众的居住条件得到极大改善。

还有一次闲聊，罗先生问我："'文化大革命'后停课了，同学们做什么？"我答："有少数人在搞'文化大革命'，闹派性。大部分同学是逍遥派，有些人打扑克玩'升级'——循环不息，夜以继日。也有许多外乡同学当'还乡团'——回老家。我是逍遥派，是应届毕业生，受优待，在学生食堂凭发给的饭票免费就餐，早晨和下午去大操场长跑3～4千米，日间和晚上看看书。"

"文化大革命"初"扫四旧"时，有些书籍幸未被毁，散落民间，好读书者互相传阅。

"周末回家时，我经常不坐公共汽车，靠徒步和游泳水陆兼程，从华工徒步至猎德围珠江北岸，下水泅渡珠江至河南中山大学码头登岸，再步行五分钟就到家。回华工时路径相反，在珠江南岸中大码头下水，泅渡至河北猎德上岸，然后徒步回校，免乘公共汽车穿越大半个城区，过海珠桥绕行一大圈，省了车费也省时间。"

"哦，我众多的学生中，你是有点特色的。"罗先生说。

"我想替你写个传记，讲讲你生平鲜为人知有趣的故事，好吗？"我问道。

"好呀"，他爽朗回答。

我能认识他并成为忘年交朋友，深感荣幸。我觉得有责任为罗先生写传记，记述他的生平事迹和巨大贡献。

回忆我的父亲罗明燏

罗征援

（于2010年）

先曾祖罗承参（罗子聪）原系江西人士，幼赤贫。后得遇机会成为清末盐商，资产颇丰。后又经南雄县珠玑巷南迁入粤至广东番禺县沥滘乡，与当地罗姓认作同宗，建祠堂。清末年，海南出现大饥荒，先曾祖捐助白银八万两赈灾。先曾祖订下子孙辈分排名，其上阕为："承文明徵国瑞"。

先祖辈中，最为出众者当为十叔祖罗文干。罗文干年轻时负笈英伦于牛津大学习法律。学成回国后得恩师王宠惠（曾为蒋介石法律顾问）举荐，任当时之民国外交部长。奉行"弱国无外交"这一名言。后蒋令其与梅津美治郎签订《天津塘沽协定》。罗文干认为此乃千秋万代遭人唾骂之卖国行为，故拂袖而去，南下粤东罗浮山出家。塘沽协定后由何应钦签订，是为"何梅协定"。

先祖罗文庄膝下共有十四子女。父亲罗明燏排行第四，幼年就读于私塾数年，打下了深厚的古文根基，令父亲终生受用无穷。古人之高风亮节，亦令父亲仰慕师效，成为他一生做人的准则。20世纪20年代初，父亲考入唐山大学土木系，当时之录取率大概是数百人中取一名，虽曰父亲成绩优秀，但亦未尝不是一种幸运。当代土木建筑界泰斗茅以升便是父亲当年的老师。

1926年父亲自唐山大学毕业后返回广东，在中山大学教预科，后在广州工务局由测算员做起，由于父亲勤奋，克己奉公，成绩斐然，三年之内升至技正（总工程师），深得当时广州市市长林云陔及后来陈济棠赏识。由于之前有文章详记，不再在此赘述。正如前文所言："陈济棠时代是广东经济盛极一时的时代，这里就有罗明燏的一份辛劳。"

1932年，父亲获广东省公费赴美国麻省理工学院（MIT）留学。麻省理工学院是世界一流名校，不但要求严格，而且费用不菲。父亲非常节俭（因公费是随邮船而到，而邮船是不定期的），也非常刻苦，每晚用功到凌晨2点。在两年内，同时取得土木工程及航空系两个硕士学位。钱学森后来也就读MIT航空系，但比父亲低几届，故此二人相识。1955年，当钱学森冲破障碍回归祖国时，陶铸书记邀父亲一同去深圳火车站迎接他。离开麻省理工学院后，父亲赴英国帝国理工学院进修了数月。正当他成为博士候选人，准备完成学业时，家中传来噩耗，祖父因心脏病逝去。因家教严谨，父亲只得放弃学业回国守孝，这是父亲终生遗憾的一件事。父亲回国后不久，陈济棠下台，父亲继续工作。不久，因不满余汉谋及其他人员相互倾轧，1937年北上到北洋大学（即后来之天津大学）重执教鞭。全面抗战爆发后，北洋大学内迁到陕西成为西北联合大学（父母亲就在那里相识，后结连理）。其工学院此后再迁往陕西城固，成为西北工学院，父亲任教授兼航空系主任。当时国民党一中委对父亲讲，罗先生年轻有为，若加入国民党将来前程不可限量，父亲一直不予理会。当年这个航空系的学生中亦出现过一些优秀人物，如中国科学院庄逢甘院士（是国内计算流体力学权威）。过去十多年中，我在数次世界各地的国际计算流体力学会议上见到庄老先生并与之交谈。

1944年，北美华侨捐款资助中国航空考察团来北美，父亲被选作这个五人团的领队，其他4人均为各大学教授中选出，如丁履德（后为山东工学院院长），曹鹤荪（后为国防科技大学副校长）。考察完毕后，父亲先后在美国一航空公司和美国航空咨询委员会（NACA, National Advisory Committee for Aeronautics，即现在的航天局NASA的前身）做飞机结构研究工作，以及在密歇根大学（University of Michigan）选修造船（非学位性）课程。在NACA期间，美方询问他是否有意申请绿卡居留，父亲说："谢谢，但我仍打算回中国。"有一次，大约1945年春，美国空军人员拿来一张广州军用地图，说他们准备轰炸日寇，请父亲指点应炸哪里。父亲说，我不能这样做，这是我的家园，你们不能去炸它。后不久，日寇投降，轰炸广州并未真正执行。

在美国时，陈济棠请他协助购买二手船舶。父亲一直视陈为知遇者，一切佣金费用概不要。1947年，父亲经香港返穗，陈就改变法子说要借给父亲三万元港币让他买下香港附近一个岛，父亲也谢绝了。

父亲返回广州后，在中山大学任教授。不久，与广州市的民众一样，父亲迎来了广州的解放和新中国的成立。

新中国成立之初，全国满目疮痍，百废待兴。一个建设祖国的高潮正在全国兴起。父亲看到新中国的光明前景，满怀爱国热忱投入这场建设高潮。解放后，父亲参加过的海、陆、空三军军事工程及省市民用工程超过200项，这中间包括有参与主导、设计、规划、检验、审核，以及承担处理事故及补救工程等项目。这些项目都是父亲作为中山大学及后来华南工学院教授之职以外的工作，以父亲一向之做人准则，这些都是无偿贡献，分文不取。据我记忆，唯一收取的就是逢年过节各有关单位、军区送来的鸡鸭年货（多到只好分送亲友），以及个别长期项目在项目期间每月数十元之车马费津贴。父亲所有参与过的工程，我根据当年他口述所做的记录，把其中重要的，连同有关的故事都放在后面的附录里。

一直到"文化大革命"前，我们家都在广州文明路鲁迅纪念馆内（即中大旧校区，北斋或北轩）。这些宿舍都是一厅两房，客厅也是饭厅、书房和工作室。每逢有工程任务，父亲总是夜以继日工作，因白天他必须完成学校的教学工作。通常晚饭后，饭桌就成了父亲的工作台。父亲用的一把计算尺还是他在美国留学时买的（现在已经支离破碎，但这是父亲的宝贵遗物）。往往这个时候，有关单位的工程人员会登门造访，讨论工程问题。故家里常常热闹非凡。

父亲大概工作到八九点钟就需要休息一下，通常这时他就问我"波波（我的乳名），想不想跟我出去吃点鸡粥？"我当然愿意，母亲就会说早点回来。我们走得其实不远。出了中大旧校区后，在惠爱东路（今中山四路）上，当时有几家甜品店和凉茶铺。我们就在其中一家拣个位置坐下，叫碗红豆沙、芝麻糊，或是雪藏（冰镇）汽水、西瓜。父亲就和小店老板聊聊天。我们在来回途中，都需走过华南师院附中（后来是广东实验中学）的运动场，这时往往是皓月当空，星光熠熠，凉风习习，四周树影婆娑，夏虫啾啾，我牵着爸爸的手，忽前忽后地蹦蹦跳跳，尽情地享受天伦之乐。回到家中，我就上床睡觉，父亲则会继续工作到深夜。

父亲对于电影、戏曲毫无兴趣。业余时间，喜欢种花或是阅读古籍书。

当时广州市尚余数间花圃坐落于中山四路、文德路一带的小巷中。经过九曲十八弯之后，再进入一间不起眼的民宅，然后你会发现这原来是个绿叶成荫的花圃。我陪父亲在这样的花圃买过不少花。花的另一个来源是广州芳村花地。父亲通常在星期天带我去，到珠江边找个船家摆渡去芳村再回来，中间若是饿了可以叫一碗荔湾艇仔粥。父亲不断地买花，直到小小的庭院几乎容不下了才作罢。这些花种类繁多，如腊梅、丹桂、月桂、夜来香、兰花、米仔兰、含笑……院内几乎一年四季都有花香。父亲工作累了，只要在小院子深呼吸几口花的香气，就觉得精神恢复不少。

父亲另一爱好是诵读古文。有时读到高兴处，会用古调出声吟几段。每年赴北京开全国人大会议时，父亲总会到北京琉璃厂古籍书摊上买回一批线装书。这些古书在"文化大革命"时被抄走毁掉或是自己送缴，已全数消失。

我还记得，解放初期和父亲打交道的都是一批艰苦朴素、克己奉公的优秀干部，如当时的广州市建设局局长邓垦（邓小平之弟）因佩服父亲的工程技术，要求跟父亲学习，他真的是风雨不改，每星期来我家一两次，而且往来只骑自行车。又如解放初中共华南分局统战部部长饶彰风，就来探望过父亲，叙叙师生之谊。饶彰风是父亲初出道时在中山大学教预科时的学生。

解放初以来，父亲忘我地工作并完成了若干重大国防、民用工程，这些都得到了党和国家领导的赞许。经叶剑英（时任广东省政府主席）举荐，由周恩来总理亲自任命父亲为院系调整后组建的华南工学院院长（见附件）。这是在全国属于极为稀有的党外人士任正职院长的情形。后又被选为第一、第二、第三届全国人大代表及省、市人大代表等。

叶剑英离开广东后，陶铸书记接任，仍然秉承尊重爱护专家、学者的政策。父亲对此甚为感铭。举凡广东省内有重大庆典、外事活动，父亲大多受邀参加并且多次被评为先进工作者受到奖励。父亲则报以更为勤奋的工作。

父亲虽然为广州军区、省市机构及省内外单位做了大量工程，但并未荒废他在华南工学院的本职工作。父亲的院长职位只是一个名衔，父亲觉得这样很好，因为实际上他也没啥行政管理能力。在华南工学院院长办公室里，并没有父亲的一张办公桌。有的只是他的研究室，人在哪个系，研究室就在哪个系。

作为一级教授，父亲担任过机械系、造船系的基础及专业课程教学，每周

3~4小时。后增开过研究生课程,并于1964年接受过海军8项科研项目,到了"文化大革命",自然一切都中止了。父亲除协助过华南工学院一些楼房的设计外,因经常协助外单位的工程项目,也遇到过乐善好施的外单位捐赠一二给华工。还有一事值得一提:华工作为全国重点大学之一,每年约有400~500万元经费,而华工经常每年超支数十万元。当中央高教部长杨秀峰南下视察时,华工党委第一书记张进总不会忘记约上父亲一同晋见杨部长。按说二人均系杨部长下属,但因杨部长对专家学者十分尊重,由父亲开口,通常可以获准超支额。

在学术方面。1959年,中央建工部成立学术委员会,父亲任学术委员,与何广乾一同主持结构组,其他如省、市一级的各类学术协会、科协等各类名衔很多,不再一一列举。1962年春,父亲参加了在广州羊城宾馆召开、由聂荣臻元帅主持的全国科学技术工作会议。到会者均为全国各大学一、二级教授及各部门专家学者,讨论包括"两弹一星"在内的科学技术发展长期规划。

熟悉父亲的人们都知道,他是个不摆架子、从不仗势欺人的谦谦君子,这是他一贯以来的做人准则。20世纪30年代(陈济棠主政广东的时代),有一次他坐的小车不小心碰到了一个农民在路边的挑担,司机停车后喝骂农民,父亲制止了司机,向农民道歉并给了他5个大洋(当时一头水牛也就值十几个大洋),农民欢喜而去。父亲亦一向抱着与人为善的态度。20世纪50年代初,广州黄沙码头出了质量事故,父亲协助补救后,一位被认为须负事故责任的工程师戴着手铐被带上来,只等父亲的意见就可锒铛入狱。而父亲意见是,这项工程事故当由设计、施工、材料多方面共同负责,不应全归一人身上。结果该工程师被释放,仅作降级处理。

1966年6月"文化大革命"开始了,一夜之间父亲以及华工大多数老教授变成了"反动学术权威""牛鬼蛇神"。紧接下来的是抄家,每个系来一两次,华工有8个系,故我家大概被来回抄了8~16次。我儿时母亲每岁都给我照一次相,这些相片也作为"四旧"给撕了,故我都不知道小时候自己是啥样子。我庆幸当年母亲反对把家搬入石牌华工校园内的三层小洋房,不然红卫兵小将们一袋烟功夫可以来回转个三两次,那才叫"够劲儿"。

父亲在华工位于粤北的枫湾干校劳动时,任务是看管5头牛,每月薪水扣下后大概不到40元,但胃口奇佳,每天除正常饭餐外还须吃三个木薯糕才饱,因此手头特紧。有一次放牛归来发现丢了五毛钱，等于损失了一周的烟草费。次日，父亲循前一天走过的山路沿途找去，居然喜出望外找回那五毛钱。据我和父亲交流了解，父亲在"文化大革命"期间的遭遇还不算最差（众所周知，"文化大革命"期间老教师有死于非命的，有受折磨累死的，也有关入警司不见天日的），似乎是有人暗中手下留情，若此事为真，在下在此向好心诸公道谢了。

但父亲的磨难远不止于此。1972年，父亲平反之事呼声很高，已经出来出席一些技术会议、见见外宾，等等。接着不久，专案组人员找他，要他在当时的华工革委会做的结论上签字，并告诉他，一旦签字就没事了。父亲是一名书呆子式的读书人，对于一些险恶的事情理解近乎天真，一听说"没事了"就欢喜不已，看也不看就立即签了字。事后我才知道，这次签字，表明他承认自己是结论中说的"攻击无产阶级司令部"的"现行反革命分子"。这一签字，影响了父亲后来的命运，也影响了我的命运。此后，中国政坛上风云突变，"四人帮"开始发动"反击右倾翻案风"，攻击周总理、邓小平。此时，相应地，华工革委会也小动作不断，如有外单位或海外学者想通过华工与父亲联系，得到的回答总是"罗明燏老弱卧床不见客"。有的通过私人渠道见到父亲，才知道上当受骗。

在1972—1979年间，还有一件事让父亲十分揪心，就是我的调动工作问题。我是华工67届毕业生，1970年分配到广东省紫金县无线电厂工作。因我是独子，符合政策，1972年要求调回广州工作。我在广州联系到接收单位，但因我的档案找不到而调动只得作罢。最后我到紫金县组织部那询问，他们非常吃惊："难道你不知道华工革委会取走你的档案吗？"

因档案已被取走，于是，紫金县在1975年按规定给予我自动离职处理，我开始成为黑人黑户、无业游民。

幸而天无绝人之路，"四人帮"垮台之后，拨乱反正政策深入人心。一位昔日在广州部队工作、认识父亲的军队高级干部在1978年仗义执言，写信给方毅（时任国家科委主任）询问为何不见罗明燏出来，方主任一查原来罗明燏仍是华南工学院的"现行反革命分子"，于是下令平反。华南工学院党委应承对父亲再做结论，这是在"四人帮"被打倒后第一次作出这样的答复。这次我对父亲讲，"72年你胡乱在结论上签了字，害得我成了7年多的黑人黑户、无业游民，这次如果再乱签的话我这一辈子就完了。"次日，我与父亲同赴华工党委，我在室外等候。父亲对他们说要把结论让我过目。我一看，原来与前次并无二致，大致是说罗明燏因攻击"无产阶级司令部"，是"现行反革命"，但作为人民内部矛盾处理。我即对父亲说，这个结论不能签，还给他们，我们走。再过两三天，父亲专案组副组长来我家造访，试图说服让我父亲签字。以下是我们之间的对话：

"结论中说我父亲是攻击'无产阶级司令部'，有证据吗？"

"这些都是你父亲承认的了。"

"你说的'无产阶级司令部'指的是什么人？""'四人帮'已经垮台两三年了，还是'无产阶级司令部'的人吗？"

对方为之语塞。然后话一转："其实，我和你爸爸从解放初就是老同事了。"

"既然是老同事，你为什么整我父亲那样狠？"

对方又语塞，悻悻离去。

两个星期后，华工党委宣告给父亲平反，推倒一切不实之词。

父亲方面已尘埃落定，轮到我作为受牵连家属的问题。华工此时认为我是成绩优秀的尖子了，说要吸收我重新参队回华工，我谢绝了。我后来去了暨南大学数学系。至今我对暨南大学校方及数学系愿意收留我这个无业游民心存感激。后来，国家出台自费留学规定，我申请且获得一加拿大大学接纳并附有全额奖学金。

1980年中我出国赴加拿大西安大略大学应用数学系研究院攻读学位。我和家里的联系主要是和母亲书信来往，这时候，父母日渐老去，我担心父母身边无人照顾，母亲来信曰不用挂心，说华工方面照顾得很好。对此，我也很慰藉。1982年，父亲获准前往美国的母校麻省理工学院（MIT）开会。这是父亲多年来最高兴的事之一。我从纽约机场接父亲一同前往波士顿。经过了50年，父亲又回到查尔斯河边熟悉的校园。我陪父亲进入克鲁斯德奇大厅（Kresdge Hall）时，会议正在进行，当主持人宣告父亲到临，全场起立热烈鼓掌，欢迎这位年纪最大的校友到来。大家发现，原来罗明燏不只是校友录中的一个符号。父亲拜会了他当年的老师，亦是航空系主任的Charles Draper（查尔斯·德拉帕）教授，德拉帕名登美国名人堂（Hall of Fame），因发明陀螺导航仪而闻名于世。老先生有八十多了，但仍精神爽朗，见到父亲伸出双手曰："明，欢迎你回来"。之后，我陪父亲再见若干旧友，陪他在校园教学楼漫步，让他追忆往事。父亲也很高兴后来见到他当年在麻省理工学院的同学兼好友，Thomas George（汤姆·佐治）。这位"汤姆叔叔"在我抵加拿大求学之初，就顺道由芝加哥来加拿大看望我，往后也有书信、圣诞卡来往。他告诉我，1980年，他退休前，美国海军所有航空母舰的蒸汽军机弹射系统都是他检验放行的。父亲此次来美除机票是公费外，其余一切费用均由我负担，我问父亲要不要买些什么带回去，他说什么都有，不需要了。父亲回国后不久，广州、港澳报纸就有报道曰"罗明燏美国归来两袖清风"。

1986年初，我已获得博士学位并且在加拿大国家科委属下之高速气体动力实验室做计算研究，因我的专长是应用数学中的计算流体动力学。1986年中，我回家探亲。这次我在家时间较长，让父母充分享受了家人在一起的天伦之乐。父亲显然特别高兴，一者，我把几个月大的女儿照片带回来，这是由专业人士拍摄的大幅照片，父母看来看去都看不够；二是我已取得了学位，是祖父的子孙中第八个博士，这多少弥补了父亲当年的憾事。而且我已确定日后的研究方向是可压缩流体/空气动力学计算，这也正是父亲多年来想做而一直没有机会做的课题。我知道父亲对我有更大的期许，多年以后，我成了美国航天局（NASA）的高级研究员（senior research scientist），在世界一流的刊物发表了论文，参加了在几大洲召开的国际会议，并宣读自己的论文，和世界各地学者讨论切磋，正有许多事情要向父亲禀报时，可是父亲已经永远听不到了。爸爸，你真的听不到了吗？！

1987年9月一个深夜，我收到一生中最不愿意接却又不得不接的电话。电话是我的堂兄罗征祥从广州打来的，说"四叔（父亲）因肝黄疸入住广东省人民医院，预后不大好，你要做好思想准备，火速归来"（罗征祥当时是广东省人民医院专家兼党委书记）。我匆匆由多伦多飞返中国，在广东省人民医院病房里见到了父亲。看见满面病容，身体清瘦的父亲，我不禁悲从心中来，眼泪直往肚里咽，这才明白，什么叫作"心如刀割"。唯一庆幸者，是我回来得还及时，父亲尚未进入昏迷状态，父子还有许多时间交流。父亲病重住院期间，华工校方对父亲尽心照顾,全力配合医院的救治,以及后来尽力办好追悼会,虽事隔二十多年,我仍然感铭在心。

在父亲的追悼会期间,我们收到大量全国乃至海外的单位及个人发来的唁电。追悼会当天,有千余人到场,可见青天在上,公道自在人心。是时电闪雷鸣,大雨滂沱,有路人云,这一定是个好人,天公也为他哭泣。

谨以此文追忆亲爱的爸爸,天地之间若果真有轮回转世之事,我来生还是您的儿子。

新中国成立后父亲罗明燏所参与的部分工程建设项目概览

罗征援

新中国成立后,父亲参与设计、审核的工程有200余项。这份概览是在"文化大革命"期间,父亲凭记忆口述,我做的记录中摘其中部分重要者编辑而成,并且按工程性质做了大体的分类。

1. 军事工程及新中国成立初期的一些民用工程

◆1949年,广州市刚解放,参与修复被国民党临败退时炸毁的海珠桥。此后多年,海珠桥仍是贯通广州南北的唯一桥梁。(在通车典礼中原定由我这6岁小童剪彩,因祖母坚决不允而未实行。)

◆此后一两年,应部队之邀多次检查广州市一弹药仓库安全。

◆应广州市建设局局长邓垦(邓小平之弟)邀请,参与设计广州某地下防空洞。

◆应海军孙长江部长邀请参加广州黄埔船厂船坞重建工作。

◆其他民用工程有:顺德糖厂压榨机基础、烟囱,市头糖厂锅炉房,广州市黄沙码头,广州市第一人民医院大楼部分设计,华南工学院图书馆、机工厂设计,等等。

◆1951年应中南军区闵兰俊部长邀请,赴湖南衡阳设计空军地下油库,为国家节约了100万元。当时空军总后勤部石部长亲自验收并写信表扬父亲(信件于"文化大革命"抄家时丢失)。该油库为新中国成立后首次成功建成的地下油库，于1953年完工，次年在江西上饶又兴建十几座同样的油库。（我当时虽然年幼，对此事仍有印象。记得当时有几位解放军干部，十分热情有礼，请父亲收拾一下简单行李随他们上车前往。母亲问这是去什么地方，去多久？军人们答曰，这是军事机密，恕难回答，但保证照顾好父亲的起居生活。父亲于两个星期后才回来。）

◆1951年，为海军设计修复一艘残废的日本驱逐舰（该舰参与中途岛战役被美军击毁，后被拖到广州）。

◆南海舰队有关的较大工程有湛江军港。1954年交通部副部长谭真总工程师为南海舰队建造湛江军港，父亲被聘请为顾问。此后一连数年，一切技术问题，海军方面均邀请父亲解决。

◆1955年初，受广东省委书记陶铸之命前往汕头解决军用机场基础工程。当时苏联专家已做出设计图纸及钻探资料，后突然改变计划，认为必须将滩涂淤泥挖出6米深再填入石块入淤泥之中。如此一来，须增加500万方土石，工程量及人工费极大，且工程遥遥无期。省委书记陶铸叫父亲去汕头解决这项工程。父亲采用当时最新的Westergaard氏方法，指出只需将苏联专家所设计之混凝土加厚，形成一浮在淤泥上的"水泥板"即可承受18吨重飞机的起落。父亲在会上出示计算书，获得苏联专家赞同。工程省了150万元并提前半年完成。在建造过程中，经常是台湾军机扔下的炸弹片仍在冒烟，父亲就出来视察工程。因为此项工程，父亲受到了海军首长表扬。多年之后，当父亲得知连40吨的三叉戟飞机亦可安全起落于汕头军用机场，心中深感安慰。[55年后的2010年春，当我打开电视观看凤凰卫视访谈空军英雄林虎将军（已退休）时，林将军指出，在广东有了佛山、广州及位于汕头的三个军用机场，人民空军当年已经完全压住了台湾军机的滋扰破坏，为大陆安全提供了保障。]

◆1958年，应空军工程部张祥甫部长之邀，到佛山某军用机场检查飞机跑道开裂情况并提供补救办法。

◆1961年赴湖南某地检查地下飞机库施工质量并提出建议。

父亲这些年来涉足不少军事机密工程，这中间有一个可靠性问题。在一次工程结束庆功宴上，军区一位部长对父亲坦言："罗教授，虽然你有高超的技术，但我们仍是经过调查了解，知道你不曾加入过国民党，故此信赖你担任这些设计工作。"但父亲万没料到的是，十几年后的"文化大革命"中他却成了"国民党残渣余孽"。

2. 政府大楼、宾馆类

◆1952年，南方日报大楼建造时地基下沉，经检查、建议，工程得以完满竣工。

◆1953年，指导广州市设计院工程师为市防空司令部设计地下指挥所，每周一天，为时数月之久。

◆1954年，协助广州市设计院修复南方大厦。广州被日寇占据时，南方大厦（城外大新公司）被纵火焚毁。经父亲鉴定，原有烧剩之框架不必拆毁，仍可补救使用，节省大量费用、时间。解放后相当长时间内，南方大厦是广州市的地标建筑物。

◆1954年，检视广东省委办公楼地基下沉一事，认为无大碍。

◆1955年，设计省科学馆礼堂22米跨度钢架结构。

◆1955年，校审广州体育馆51米跨度钢架结构。

◆1955年，建造苏联展览馆时，力排苏联专家清除淤泥排除地下水之不切实际的方法，而采用打桩地基，节省了十几万元。

◆1955年，担任建造苏联展览馆技术委员会主任委员，负责结构设计及审核。

◆1955年，协助设计广州市华侨大厦，主张不可照搬苏联经验而必须打桩以获得良好地基。

◆1956年，协助设计广州交易会陈列馆顶楼网格结构。

◆1957—1959年，应江西省省长邵式平之请赴江西处理省委办公大楼建造质量事故并提出补救意见。同时查看庐山大坝及其他项目工程。

◆1958年，设计广州军区体育馆薄壳结构。

◆1959年，参与设计广东省委珠岛宾馆的结构部分及连接的桥梁。

◆1959年，设计广东省顺德县大良镇人民礼堂的薄壳结构，跨度为55.15米，系当时全国最大之薄壳结构。

◆1960年，参与设计审核广州军区10栋元帅住宅。

◆1960年，设计广州军区后勤部礼堂大跨度看台。

◆1964—1965年，参与广州宾馆（27层）审核工作。

◆1972年，参加广州市外贸基建办召开4个外贸建筑（建设新火车站、改苏展馆为广交陈列馆、扩建东方宾馆、建造白云宾馆）筹备会议。

◆1973年，审查广州白云宾馆结构设计部分并提出书面意见。

3. 厂房建筑、船坞

◆1952年，协助广州市紫坭糖厂勘定压榨机位置及设计基础。

◆1952年，处理广州市伍仙门电厂透平机基础质量事故，确认可用。

◆1953年，由中南建筑设计院设计的湘潭发电厂，建成后其钢架结构发生开裂，经核算后提出加固建议，后来一直运行良好。

◆1953年，善后处理交通部广州船舶修理厂厂房沙基基础质量事故。

◆1953—1954年，对新建的广州紫坭糖厂的厂房、仓库的质量事故作检查并提出修补意见。

◆1954年，参加广州造船厂的船厂及船坞筹建工作，于短时间内审核完毕船坞围堰设计，使其能在国庆时投产。

◆1954年，协助轻工设计院解决广州造纸厂扩建的一些结构问题。

◆1954年，协助广州市设计院检查广州西村水泥厂储罐质量，证实可用。

◆1954年，黄沙货仓因采用苏式办法砖壳结构建造而发生事故，检查并采取补救方法。

◆1955年，审核周总理拨出1300万元扩建的广州通用机械厂（即后来的广州重型机械厂）工程，扩建工程于1957完成。

◆1956年，鉴于效法苏联的沙基基础不适合中国国情，向省（市）设计院、轻工设计院建议以后的工程不要再采取沙基。

◆1958年，参与筹建广州市文冲船厂及其第一船坞，1973年底去参加过一次文冲船厂第二船坞筹建会议。

4. 水库、堤坝类

◆1956年，参加勘测选定广州市流溪河水电站坝址。

◆1956年冬，参加勘定新丰江水电站坝址。

◆1958年冬，新丰江水电站开始动工兴建，受邀去检查工程质量问题。发现使用无标号水泥，为百年大计之故，建议拆掉重建。水电站建成后，1962年水坝因地震发生开裂,赴现场观察并提出加固补救意见。

◆1963年,参加东江供水工程(输水至香港)筹建工作,仔细勘察供水路线。

◆1972年,参加国务院、交通部在广州召开的广东省龙川县彭坑大桥事故处理。该桥在混凝土浇注拆模板时旋即倒塌,死伤百余人,系当年全国最大工程事故,亦系典型的"一无图纸、二无技术"产物。给予意见系钢筋极度稀少之故。